Advanced multiple-choice tests in German

Student's book

D. G. Matthews, M.A.
Assistant German Master, The Manchester Grammar School

S. M. Matthews, B.A.
Teacher in charge of German, Roch Valley High School, Milnrow, Rochdale

in collaboration with

C. Hoffmann, Staatsexamen, M.A., M.I.L.
Lecturer in German, Didsbury College, Manchester

HODDER AND STOUGHTON
LONDON SYDNEY AUCKLAND TORONTO

Authors' Acknowledgments

We are most grateful to the following (and their pupils), who helped us with pre-testing, and often provided invaluable comments: J. Artley, M. Berry, G. Bolshaw, G. Brammall, M. J. Campbell, A. Donald, S. Farrar, A. Fraser, E. Harrison, J. Hodson, K. M. Jones, J. M. Ladymann, G. Lea, R. Leighton, S. Lishmann, P. M. Mason, C. Pearce, J. M. Rice, J. W. Roberts, G. C. Schofield, E. Schwarz, G. Shaw, J. Short, D. B. Smith, J. Stephenson, P. Swindlehurst, G. J. Turner, P. M. Webster, D. Welsh, N. B. Wilkes, A. Wingate, S. Wood, C. Zenner.

Finally our special thanks go to B. L. Packham for his tremendous help at all stages of this project; and to our Editor, P. J. Downes.

D.G.M. and S.M.M.

ISBN 0 340 22061 9

First published 1977

Filmset by Surrey Fine Art Press Limited, Redhill, Surrey and printed in Great Britain by J. W. Arrowsmith Ltd., Bristol, BS3 2NT.

Preface

This booklet is intended mainly for the second year of advanced study, both as specific examination preparation and as additional comprehension material that we hope will extend the range of any A-Level student.

For those who will encounter multiple-choice at A-Level, we have used an examination format and have pre-tested all the questions with a wide variety of pupils, revising and adjusting the standard accordingly. As multiple choice is so recent an innovation at A-Level, a standard is hard to set, not least because the statistical results of pre-testing do not necessarily reveal all linguistic problems and logical inconsistencies, and because even at O-Level many multiple choice questions in German are so difficult. We hope these tests, which increase slightly in difficulty as one works through the booklet, will at least be at a level to provide useful practice, and prepare pupils for the possible demands of an A-Level paper.

As with any A-Level exercise, these tests need not be done 'unseen', nor at a single sitting. Rigid examination conditions can be built up to as required.

It may be felt that some alternatives are close, even ambiguous: we have done our utmost to be fair and to give experience of just how exacting multiple-choice examining can be. It is, of course, crucial that pupils train themselves to answer only from the information given. Answering on the basis of extraneous information greatly increases the plausibility of many alternatives! We have included questions that exploit 'false friends' (e.g. 'rassig'/'Rasse'), because many actual examination items exploit these aspects of the language and pupils should be helped to gain experience in avoiding such pitfalls.

Timing: reading tests should be allowed c. 50 minutes, slightly more than an examination might give, but the reading passages here may be slightly longer. This is intended as a teaching as well as a testing booklet, so we have chosen passages not just as examination material, but also as examples of various styles of German. We severely limited their length, but in order to complete an idea or anecdote some are marginally longer than one would expect at A-Level.

We recommend the following pauses between items on the taped listening tests, if strict examination conditions are wanted:

Part One: 20 seconds.
Part Two: 20 seconds.
Part Three: 15 seconds.
Part Four: 25 seconds (on both readings).

(N.B. The teacher will need to replay the appropriate section of tape for the repetition in part four.)

D.G.M. and S.M.M.

Acknowledgments

The publisher wishes to thank the following for permission to include copyright material:

Student's Book

1(i): *Das Beste aus Reader's Digest*, from ,,Immer werde ich erwischt'', Cory Ford, (February 1965);

1(ii): *Scala*, from ,,Noch einmal träumen wie als Kind'', (4/1975);

1(iii): *Brigitte*, from ,,Abitur bestanden – was nun?'', (5/1976);

2(i): *Das Beste aus Reader's Digest*, from ,,Alles über die Liebe'', Julian Huxley, (September 1964), condensed from *Look*, (12 July 1955);

2(ii): Gertraud Middelhauve Verlag, from *1947 bis 1951 Wo Warst du, Adam? und Erzählungen*, Heinrich Böll, © 1949 Gertraud Middelhauve Verlag, Köln;

2(iii): Stadt Krefeld, from *Stadt meiner Schulzeit*;

3(i): Der Schweizerischen satirischen Zeitschrift *Nebelspalter*, from ,,Inflation'', (No 41, 11 October 1972);

3(ii): Hansestadt Lübeck, from *Lübeck*;

4(i): Suhrkamp Verlag, from *Homo Faber*, Max Frisch;

4(ii): Prof. Dr. Marianne Kesting, in *Brecht* (rororo Bildmonographie);

4(iii): Max Hueber Verlag, from *Deutschland in Geschichte und Gegenwart*, Erich Zettl;

5(i): *Die Zeit*, from ,,Das Stille-Nacht-Syndrom als Letalfaktor'', (December 1972);

5(ii): *Scala*, from ,,Aufeinander Zugehen'', (5/1976);

5(iii): *Die Zeit*, from ,,Flucht in den Freitod'', (14 May 1976).

Tape

1(i): Max Hueber Verlag, from *Texte zum Lesen und Nacherzählen*, H. J. Arndt;

1(ii): *Scala*, from ,,Eine Schule, die noch Abenteuer bietet'', (1/1974);

2(i): Langenscheidt-Verlag, Berlin and München, from ,,Was am Muttertag geschah'', in *Langenscheidts Sprach-Illustrierte*;

2(ii): *Brigitte*, from ,,Heiratsmarkt auf dem Bildschirm'', (4/1976);

3(i): Albert Langen Georg Müller Verlag GmbH, from ,,Im Schweisse deines Angesichts'', in *Kishons Beste Satiren*, Ephraim Kishon;

3(ii): *Scala*, from ,,Eine kleine UNO'', (2/1975);

4(i): *Das Beste aus Reader's Digest*, from ,,Wie man mit anonymen Anrufern fertig wird'', Christian Wulf, (January 1966), adapted from ,,How to cope with crank telephone calls'', Donald John Giese, in *The American Legion Magazine*, (January 1965);

4(ii): *Brigitte*, from ,,Die Engel des Wilden Westens'', Heilwig von der Mehden, (16/1975);

5(i): *Brigitte*, from ,,Polizisten sind gar nicht so'', (11/12, 1976);

5(ii): Krauss-Maffei AG, from ,,Wie München beinahe gegründet worden wäre'', Martin Morlock and W. O. Busse, in *800 Jahre München, 121 Jahre Krauss-Maffei*.

Contents

Lesen und Verstehen. Test 1

Erster Teil: Hier werden einige Situationen beschrieben. Wählen Sie die Fortsetzung, die am besten paßt.

1 Nach einer Prüfung, über die sie Aufsicht führte, entdeckte die Lehrerin, daß zwei Schüler genau dieselben Antworten eingereicht hatten. Sie dachte bei sich:
   - a. Das kommt mir etwas verdächtig vor: sie saßen auch nebeneinander.
   - b. Die beiden sind die einzigen, die gründlich gearbeitet haben.
   - c. Die beiden sind immer mißtrauisch gewesen.
   - d. Wenn ich nicht dabei gewesen wäre, wäre dies nie geschehen.

2 Eine sehr ängstlich gewordene Mutter schimpft über die Leichtsinnigkeit ihrer Jüngsten, die noch nicht einsehen will, daß sie bald ihren eigenen Unterhalt verdienen muß:
   - a. Gerade du solltest in der Familie mit gutem Beispiel vorangehen.
   - b. Das Leben kann nicht immer reiner Spaß bleiben.
   - c. Du verdienst gelegentlich ein bißchen Abwechslung.
   - d. Man soll sich nicht bloß mit der harten Wirklichkeit abgeben.

3 Ein Bevölkerungsexperte hält einen Vortrag über sein Spezialfach vor einer Versammlung junger Krankenschwestern und Sozialarbeiter. Er schließt mit den folgenden Worten:
   - a. Aber natürlich wird dies alles zu Ihrer täglichen Arbeit geringe Beziehung haben.
   - b. Hoffentlich werden Sie im Berufsleben diese Dimension nicht außer Acht lassen.
   - c. Als Einleitung möchte ich eine kurze Skizze der allgemeinen Probleme geben.
   - d. Es ist klar, daß meine These mit Ihren neuesten sozialistischen Ideen übereinstimmt.

4 Ein Familienvater nimmt seine Frau und seine Kinder mit zum Verkaufszentrum, um die dort ausgestellten Wohnwagen zwecks eines eventuellen Kaufs zu vergleichen. Ein Vertreter der Firma sagt ihnen:
   - a. Klar, daß Sie alle einen Schlafraum für sich haben müssen.
   - b. Kühlschränke sind ein Luxus, den niemand einbauen wird.
   - c. Die Federung aller unserer Modelle ist einwandfrei.
   - d. Die Rechnung müssen Sie bar begleichen.

5 Im Radio-Programm ,,Kultur heute" unterhält sich ein erfolgreicher Romancier und Kritiker mit einem berühmten Bühnenschauspieler. Dieser fragt den Romancier:
   - a. Wird Ihr erstes Buch im jetzigen kulturellen Klima gut ankommen?
   - b. Eins möchte ich wissen – wie fühlt man sich, wenn man eine bekannte Theaterpersönlichkeit wird?
   - c. Welche Wirkung hat, Ihrer Meinung nach, der allgemeine finanzielle Wohlstand auf die Kunst?
   - d. Sollten wir, ich als Schauspieler und Sie als Bühnenautor, nicht enger zusammenarbeiten?

Zweiter Teil: Sie lesen drei längere Ausschnitte mit dazugehörigen Fragen. Wählen Sie die jeweils passendste Antwort.

1 „Immer wieder werde ich erwischt!" – Klagelied eines notorischen Pechvogels.

Ich kenne einen Mann, der es fertiggebracht hat, in einem Nachtlokal der Kapelle die große Trommel zu klauen, ohne daß es jemand bemerkte. Das sollte ich einmal versuchen! Wenn ich mir nur einen Aschenbecher einstecke, den ich als Andenken mitnehmen möchte, klopft mir garantiert der Ober auf die Schulter, bevor ich noch halb bei der Tür bin.

Mir ist es schon als Kind immer so gegangen. Meine Spielgefährten schmierten Fenster mit grüner Seife voll und stießen Mülltonnen um, aber geschnappt wurde ich. Meine Studentenbude war ausgeschmückt mit Verkehrsschildern, Polizeimützen und anderen Trophäen, die mein Zimmergenosse auf seinen nächtlichen Streifzügen erbeutet hatte. Das einzige, was ich je mitbrachte, war ein Stück Hotelseife, und die traute ich mich aus Angst vor Entdeckung nicht zu gebrauchen.

Das Fatale ist, daß ich von Natur einen schuldbewußten Gesichtsausdruck habe. Wenn ich zum Bankschalter gehe, um Geld einzuzahlen, ziehen die Türsteher die Augenbrauen hoch, und der Kassenbeamte angelt mit dem Fuß nach dem Alarmknopf. Zollbeamte stürzen sich immer zuerst auf mich, und wenn es im Theater bei irgendwem im Bauch rumort, dann dreht sich alles nach mir um.

Nicht einmal eine fromme Lüge kann ich mir leisten. Vor ein paar Jahren war ich bei guten Bekannten zum Essen eingeladen. Es gab Rosenkohl. Ich kann dieses Gemüse nicht riechen, aber ich versicherte der Frau des Hauses, daß ich nichts lieber äße. Von da an gab es immer Rosenkohl, wenn ich bei den Leuten zu Gast war. Das ging so eine Weile, dann wurde ich auf einmal nicht mehr eingeladen. Den Grund gestand mir der Mann eines Tages: „Wir hätten dich so gern wieder einmal bei uns, aber wir können keinen Rosenkohl mehr sehen." – Das beste ist wohl, ich finde mich damit ab, daß ich immer der Dumme bin. Nicht einmal beim Patiencelegen trau ich mich mehr falsch zu spielen – aus Angst, ich könnte mich einmal dabei erwischen.

6 Was ist einem Bekannten des Erzählers gelungen?
   a. Er hat dem Obersten ein Musikinstrument gestohlen.
   b. Er hat ein scheinbar unmögliches Verbrechen begangen.
   c. Er hat eine kleine Kapelle übernommen.
   d. Er hat eine Trommel angefertigt.

7 Warum möchte der Erzähler etwas einstecken?
   a. Weil die Preise im Nachtlokal ihm unangemessen scheinen.
   b. Weil er Kettenraucher ist.
   c. Er möchte sich am scharfsichtigen Oberkellner rächen.
   d. Um sich auf abenteuerliche Weise ein Souvenir zuzulegen.

8 Welche Streiche hatten sie als Kinder gespielt?
   a. Sie hatten Fenster undurchsichtig gemacht.
   b. Sie hatten oft versucht, ihre Missetaten zu verbergen.
   c. Sie hatten Sachen aus den Mülleimern geholt.
   d. Sie hatten den armen Erzähler immer verraten.

2

9 Was wird über seine Studentenzeit berichtet?
   a. Er hatte nie das Glück, ein Einzelzimmer zu bekommen.
   b. Sein Freund auf der Universität hat ihm viele Trophäen geschenkt.
   c. Er ist offensichtlich nie waghalsig und draufgängerisch genug
      gewesen.
   d. Er hat sich aus Angst nicht mit Seife waschen wollen.

10 Wieso gerät er auf der Bank immer in Schwierigkeiten?
   a. Er sieht aus, als stecke er bis über beide Ohren in Schulden.
   b. Weil er äußerst argwöhnisch ist.
   c. Ein aufmerksamer Bankangestellter gibt immer frühzeitig Alarm.
   d. Sogar wenn er Geld anlegen will, erscheint er anderen verdächtig.

11 Was ist eine fromme Lüge?
   a. Eine wirklich peinliche Situation.
   b. Eine Lüge, die einen unschuldig erscheinen lassen soll.
   c. Oft, wie hier, ein Versuch, andere Leute nicht zu kränken.
   d. Der Versuch, Bekannten und Freunden Lügen zu erzählen.

12 Aus welchem Grund geht es mit den erwähnten Gastgebern schief?
   a. Den Geruch von Rosenkohl im Haus findet er widerlich.
   b. Wegen seiner fehlgeschlagenen Anstrengungen rücksichtsvoll zu
      sein.
   c. Seine leidenschaftliche Vorliebe für Rosenkohl macht ihn
      unerwünscht.
   d. Die Freunde wollen keine Kohlen im Hause haben.

13 Welchen Schluß zieht er am Ende?
   a. Daß er seine Schwächen geduldig akzeptieren müsse.
   b. Daß er mit sich selber Karten spielen solle.
   c. Daß sich Betrug beim Kartenspielen doch lohne.
   d. Daß er die Fehltritte anderer Menschen mit Nachsicht behandeln ·
      müsse.

2 Das Nürnberger Spielzeugmuseum.

Es war einmal . . . So beginnen alle Märchen. Vielleicht auch jene
unzähligen ungedruckten Märchen, die nur in der Phantasie eines Kindes
leben. Da wird die Wirklichkeit durch eine imaginäre Welt ersetzt. Seliges
Versinken in grenzenlose Träume mit Puppen, Schaukelpferden,
Eisenbahnen, Baukästen . . .

Erinnerungen und Sehnsucht nach einer glücklichen Kindheit waren es
wohl auch, die Lydia Bayer dazu trieben, Spielzeuge zu sammeln. Über
Jahrzehnte hatte sie soviel zusammengetragen, daß sie einst in Würzburg
ein Privatmuseum eröffnen konnte.

Diese Sammlung ist der Grundstock für das Spielzeugmuseum der Stadt
Nürnberg, geleitet von der Tochter, Dr Lydia Bayer jun. Hier in der Stadt
der größten Spielwarenmesse, können die Besucher ihre alten
Kindheitsträume wieder träumen. In einem umgebauten
Renaissance-Haus aus dem 17. Jahrhundert wird seit vier Jahren Kindern
jeden Alters eine bunte Spielzeugwelt aus vielen Jahrhunderten
präsentiert: Stücke von unschätzbarem kulturgeschichtlichem Wert.
Darunter befinden sich Bronzewürfel aus dem 5. Jahrhundert v. Chr. aus

3

Athen, eine Kinderrassel aus dem 9. Jahrhundert v. Chr., Tonpuppen aus dem Mittelalter. Ganze Miniaturwelten entstanden da. Die im Museum ausgestellten Beispiele zeigen, wie jede europäische Gegend auch im Spielzeug ihre besonderen Formen entwickelte und charakteristische Eigenarten zum Ausdruck brachte. Das „Schmuckkästchen" des Museums ist ein Raum mit einer Rokoko-Decke. Die Zartheit dieses Zimmers verlangte nach entsprechenden Ausstellungsstücken. So findet man hier erlesene Puppengeschirre aus Alabaster, Steingut, Porzellan und Glas.

14 Wie werden Märchen beschrieben?
    a. Als Geschichten, die nie veröffentlicht werden.
    b. Als Geschichten, die nur in kindischen Vorstellungen lebendig sind.
    c. Als Geschichten, die über das alltägliche Leben hinausgehen.
    d. Als fantastische Geschichten, die von Spielzeugen handeln.

15 Warum eröffnete die ältere Lydia Bayer ihr Museum?
    a. Weil sie ihre Sammlung ihrer Tochter hinterlassen wollte.
    b. Weil die Stadt Nürnberg sie dazu aufgefordert hat.
    c. Weil sie soviel gesammelt hatte, was sie reichen Kunden anbieten wollte.
    d. Weil es ihrer Sehnsucht nach der Kindheit entstammte.

16 Wo sind Dr Bayers Spielzeuge gegenwärtig zu sehen?
    a. Auf einer gewerblichen Ausstellung.
    b. Auf einer Messe für Spielwaren in Nürnberg.
    c. In einem passenden Gebäude.
    d. In einem Haus, das zweihundert Jahre alt ist.

17 Was kann man von den einzelnen Exemplaren sagen?
    a. Die frühesten stammen aus der Renaissancezeit.
    b. Sie wurden noch zum Teil vor der Geburt Christi hergestellt.
    c. Sie stammen aus allen Epochen der nachchristlichen Zeitrechnung.
    d. Sie gehören alle zum guten Ton.

18 Was erfährt der Besucher durch Dr Bayers Ausstellung?
    a. Jede Gegend bringt in ihren Spielzeugen besondere Eigenschaften zum Vorschein.
    b. Spielzeuge aus verschiedenen Ländern ähneln sich sehr.
    c. Die Meister, die diese Spielzeuge schufen, waren äußerst eigensinnig.
    d. Europa hatte den Vorsprung bei der Herstellung von Spielwaren.

19 Was sieht man unter anderem im Museum?
    a. Einen wertvollen Kasten, der Puppenschmuck enthält.
    b. Ein ganzes Zimmer ausschließlich im Stil des 19. Jahrhunderts.
    c. Bücher und Zeitungen aus antiquarischen Puppenhäusern.
    d. Kleine Gegenstände, die Haushaltswaren nachgebildet sind.

3 Abitur bestanden – was nun?

Als Verena die Mittlere Reife hatte, schlug ihr Vater vor, sie solle einen kaufmännischen Beruf lernen und später zu ihm ins Büro kommen (er ist selbstständiger Malermeister). Seine Tochter lachte ihn aus: ,,Das Büro ist das Letzte für mich!" Die lebhafte, selbstbewußte Verena wollte Lehrerin werden.

Jetzt ist Verena 20, hat letzten Sommer ein gutes Abitur gemacht (Durchschnittsnote 2,2), aber sie hat keinen Studienplatz bekommen. Beworben hatte sie sich für Sonderschulpädagogik an der Hamburger Universität. Noch im vorigen Semester lag der erforderliche Notendurchschnitt (Numerus clausus) bei 2,3. Jetzt muß man jedoch mindestens eine Zwei mitbringen, um gleich nach dem Abitur angenommen zu werden (nach längerer Wartezeit hat man auch mit schlechteren Noten eine Chance).

Ursprünglich wollte Verena Deutsch und Englisch – ihre Lieblingsfächer in der Schule – studieren. Diesen Wunsch hat sie aber schon lange aufgesteckt: Als sie fürs Abitur paukte, um ihre Noten und damit die unter Umständen entscheidende Zahl hinter dem Komma zu verbessern, waren die Zeitungen voll mit Berichten über arbeitslose Lehrer und Universitätsabgänger, die keinen Referendarplatz bekamen. Verena informierte sich, welche Fächer noch einigermaßen aussichtsreich erschienen und erfuhr: Naturwissenschaften (,,aber das liegt mir nicht") und Sonderschulpädagogik.

Vorsichtshalber hatte sie sich auch nach Ausweichberufen erkundigt, die sie interessierten: Krankenschwester, Krankengymnastin, Medizinisch-Technische Assistentin. Aber überall, wo sie anrief oder sich vorstellte, hieß es: ,,In den nächsten Jahren ist nichts zu machen. Wir haben sehr lange Wartelisten". Verena macht sich jetzt manchmal Vorwürfe, daß sie sich nicht danach gleich auf Wartelisten setzen ließ, aber ,,wer kann denn ahnen, daß alles mal so schlimm wird!"

20 Was kann man über Verenas Vater lesen?
    a. Er ist selbstständiger Künstler.
    b. Er wollte, daß seine Tochter Malerin werde.
    c. Er arbeitet im eigenen Büro als Kaufmann.
    d. Er riet Verena, sich für einen Beruf in der Wirtschaft ausbilden zu lassen.

21 Wie wird dieses Mädchen beschrieben?
    a. Sie verträgt sich nicht gut mit dem Vater.
    b. Sie ist äußerst unentschlossen.
    c. Sie hat ein sehr selbstsüchtiges Wesen.
    d. Sie ist energisch und selbstsicher.

22 Warum mußte das Mädchen so gewissenhaft für das Abitur arbeiten?
    a. Weil sie die Erfordernisse der Universität wohl nur knapp erfüllen könnte.
    b. Weil sie so selbstbewußt und hochmütig war.
    c. Weil alle anderen Bewerber ihre Noten übertreffen würden.
    d. Weil ihre Leistungen im Studium nicht ausreichend sein würden.

23 Was hat sich in bezug auf ihre Noten herausgestellt?
   a. Daß sie zu hoch über dem Durchschnitt eingeschätzt worden
      waren.
   b. Daß sie weit unter den erforderten Bedingungen der Universität
      lagen.
   c. Daß sie um einen Bruchteil zu niedrig waren.
   d. Daß 2,2 statt 2,3 nicht mehr für einen Universitätsplatz genügte.

24 Als sie sich um einen Studienplatz bewarb, hatte sie im Auge . . .
   a. in einer Schule für körperlich oder geistig behinderte Kinder zu
      unterrichten.
   b. noch vor den Examen die Flinte ins Korn zu werfen.
   c. sich noch vor Semesterbeginn einen Referendarplatz zu sichern.
   d. doch noch Naturwissenschaftlerin zu werden.

25 Einen Beruf als Krankenschwester oder Krankenpflegerin zog sie in
Betracht . . .
   a. denn man riet ihr, es gäbe auf dem Gebiet der wissenschaftlichen
      Forschung noch Möglichkeiten.
   b. falls es ihr nicht gelänge, ihr gegenwärtiges Ziel zu verwirklichen.
   c. weil sie früher so tollkühn gehandelt hatte.
   d. weil sie jetzt Gewissensbisse hat.

Erster Teil: Hier werden einige Situationen beschrieben. Wählen Sie die Fortsetzung, die am besten paßt.

1 Beim eiligen Umsteigen in Hannover hat Frau Brandt ihre Fahrkarte und ihren Rentnerausweis verloren. Im Zug erklärt sie dem Schaffner:
 a. Sehen Sie, hier ist der Fahrschein; er zeigt doch, daß ich bezahlt habe.
 b. Wissen Sie, ich habe die richtige Gleisnummer übersehen.
 c. Beruhigen Sie sich, gnädige Frau, wir werden sie schon finden.
 d. Mein Personalausweis zeigt, daß ich ein Anrecht auf Ermäßigung habe.

2 Ein junger Lehrling beabsichtigt, sich einen möglichst preiswerten Gebrauchtwagen anzuschaffen. Nach einer Testfahrt hat der Verkäufer ihn noch nicht überzeugt, denn er meint:
 a. Sind Sie nicht bereit, für einen Studenten den Preis etwas zu senken?
 b. Ich weiß, Sie wollen in aller Eile solche Wagen abschaffen.
 c. Dieser entspricht meinen Absichten schon einigermaßen.
 d. Wenn Sie dazu noch einen Tachometer einbauten, wäre ich überzeugt.

3 Der Obergärtner der städtischen Parkanlagen soll einen neuen Hilfsgärtner einstellen, der ihm direkt vom Arbeitsamt geschickt worden ist. Er sagt dem Jungen:
 a. Abschlußzeugnisse sagen mir wirklich nichts; haben Sie schon mal mit einem Spaten gearbeitet?
 b. Wenn Sie bei uns aufgenommen werden wollen, gehen Sie gleich zur Baustelle.
 c. Mit einem Arbeitskittel hat man Sie dort versehen, hoffe ich.
 d. Hier handelt es sich hauptsächlich um den Anbau von Bohnen und Erbsen.

4 Der jungverheiratete Günther bespricht mit seinem Schwiegervater sein Vorhaben, ein Einfamilienhaus auf Hypothek zu kaufen. Dieser will Rat und Hilfe geben:
 a. Bist du sicher, daß du dich jetzt schon verschulden willst?
 b. Ja, du hast recht, vorerst ist's am besten, für euch beiden ein Haus zu mieten.
 c. Bis zur Hochzeit kann Monika natürlich noch hier bleiben.
 d. Ich unterstütze euch zwar gerne, aber soviel auf einmal kann ich nicht ausleihen.

5　Einige Rowdys erscheinen vorm Jugendrichter, weil sie nach einem unentschiedenen Pokalspiel auf der Straße verhaftet worden sind. Einer von ihnen äußert sich trotzig:

    a. Ja, mein Herr, diese Kerle haben zwei alte Männer zusammengeschlagen.

    b. Gegen solche Rauferei müssen strenge Maßnahmen getroffen werden.

    c. Vandalismus würde ich's nicht nennen, man darf sich wehren, oder?

    d. Man muß lernen, auch nach so einem Sieg seine Begeisterung zu bändigen.

6　Die dreijährige, sehr freiheitlich erzogene Tochter eines Universitätsprofessors beginnt nun doch den Eltern allerhand zu schaffen zu machen. Die verzweifelte Mutter beklagt sich bei einer Nachbarin:

    a. Ihre schöpferischen Begabungen entzücken alle.

    b. Ihre Lehrerinnen berichten nur Gutes über ihre Leistungen.

    c. Zweifellos hätte ich's leichter, wenn wir sie strenger behandelten.

    d. Wenn bloß mein Mann und ich uns den geistigen Ansprüchen des Kindes gewachsen fühlten!

Zweiter Teil: Sie lesen drei längere Ausschnitte mit dazugehörigen Fragen. Wählen Sie die jeweils passendste Antwort.

1　Alles über die Liebe

Für die meisten Menschen ist die Liebe wohl das fesselndste Thema, das es gibt. Welche Vielzahl von Bedeutungen birgt nicht dieses eine kleine Wort: Mutterliebe und Eigenliebe, Vaterliebe und Kindesliebe, Nächstenliebe, Heimatliebe und die Liebe zum eigenen Herd, Liebe zum Geld und Liebe zur Macht . . . Die Liebe vermag Demut mit Stolz, Selbstbewußtsein mit Hingabe zu verbinden, den Sturm der Gefühle mit Zärtlichkeit zu durchdringen, sinnliches Begehren in tiefe seelische Freude und ein höheres Lebensgefühl zu verwandeln.

Verliebtsein ist die Liebe in ihrer heftigsten Form. Liebende sind vom Bilde des geliebten Wesens derart erfüllt, daß sie ihm alle Tugenden und Vorzüge zusprechen. Außenstehende sprechen von ,,Liebeswahn'' oder ,,blinder Verliebtheit''. Der Liebende selbst aber verspürt ein gesteigertes Daseinsgefühl und findet im Leben einen neuen Sinn.

Verliebtheit ist jenseits aller Vernunft oder zumindest mit Vernunft nicht zu erfassen. Die Empfindungen, die dieser Zustand auslöst, sind derart heftig, daß sie sich über alle Vernunft hinwegsetzen. Vernunft und Erfahrung treten erst später wieder in ihre Rechte . . . Zum Glück für die Menschheit trifft die Liebe meist die richtige Wahl. Dann können Vernunft und Erfahrung getrost die Augen auftun und den flüchtigen Wahn in eine höchst dauerhafte, gesunde Beziehung verwandeln.

Die Liebe wirkt dem Haß und allen zerstörerischen Trieben entgegen. Ein Dichter und Philosoph hat einmal gesagt: ,, . . . die Liebe ist ein Feuer, das alle irdischen Übel verzehrt.''

7 Was behauptet der Autor von der Liebe im allgemeinen?
   a. Daß die Liebe einen unwiderstehlich fasziniert.
   b. Daß alle Arten von Liebe eine und dieselbe Bedeutung haben.
   c. Daß Liebe zum Geld schon als Krankheit gelten kann.
   d. Daß Mutterliebe von größerer Bedeutung als Vaterliebe ist.

8 Was kann, nach Meinung des Autors, durch die Liebe
zustandegebracht werden?
   a. Es mache einen stolz, daß man sich verliebt fühle.
   b. Sie könne das Leben im Tiefsten erschüttern.
   c. Sie könne gegensätzliche Gefühle im Liebenden zusammenbringen.
   d. Sie schließe andere Gefühle, wie z.B. Selbstsucht, völlig aus.

9 Welchen Nachteil bringt Verliebtheit mit sich?
   a. Man nimmt mögliche Fehler des Geliebten kaum wahr.
   b. Man langweilt alle Außenstehenden, indem man nur von Liebe
      spricht.
   c. Man möchte ausschließlich mit dem Geliebten reden.
   d. Man fühlt sich lebensfreudiger denn je.

10 Welchen Einfluß hat die Vernunft auf die Liebe?
   a. Vernunft kann nur durch Erfahrung ersetzt werden.
   b. Vernunft gibt einen gewissen Abstand von den eigenen Gefühlen.
   c. Vernunft sorgt dafür, daß sich der Verliebte nicht irrt.
   d. Liebe läßt sich kaum durch Vernunft leiten.

11 Inwiefern haben die meisten Leute Glück in der Liebe?
   a. Man wird dadurch wahnsinnig gesund.
   b. Wenn die erste ,,Blindheit'' vorüber ist, können die meisten
      feststellen, daß sie doch gut gewählt haben.
   c. Meistens dauert die ursprüngliche Schwärmerei ein ganzes Leben
      lang.
   d. Hat man falsch gewählt, so kann man doch noch den ,,Richtigen''
      treffen.

12 Welche Meinung äußert der erwähnte Dichter über die Liebe?
   a. Sie sei eng mit dem Haß verwandt.
   b. Sie sei ein rein philosophisches Phänomen.
   c. Die Liebe vernichte das Böse in den Menschen.
   d. Irland wäre friedlicher, wenn es dort mehr Liebe gäbe.

2 Aus ,,Wo warst du, Adam?''
   Dann marschierten sie zu einhundertelf mal drei Mann in einen anderen
Stadtteil, südlich, an Cafés von schmutziger Eleganz vorbei, vorbei an
Kinos und Kirchen, durch Armenviertel, wo Hunde und Hühner faul vor
den Türen lagen, schmutzige, hübsche Frauen mit weißen Brüsten in den
Fenstern, wo aus dreckigen Kneipen der eintönige, seltsam erregende
Gesang trinkender Männer kam. Straßenbahnen kreischten mit
abenteuerlicher Schnelligkeit vorbei – und dann kamen sie in ein Viertel,
wo es still war. Villen lagen in grünen Gärten, Militärautos standen vor
steinernen Portalen, und sie marschierten in eines dieser steinernen
Portale hinein, kamen in einen sehr gepflegten Park und stellten sich
wieder im Karree auf, einhundertelf mal drei Mann.

Das Gepäck wurde nach hinten herausgelegt, ausgerichtet, die Gewehre
zusammengesetzt, und als sie wieder stillstanden, ging ein schmales,
rassiges Gesicht an ihnen vorbei: das war der Oberst, blaß, mit harten
Augen, zusammengekniffenen Lippen und einer langen Nase. Es erschien
ihnen allen selbstverständlich, daß der Kragen unter diesem Gesicht mit
dem Kreuz geschmückt war. Aber auch dieses Gesicht gefiel ihnen nicht.
Der Oberst nahm die Ecken gerade, ging langsam und fest, ließ kein
Augenpaar aus, und als er zuletzt in die offene Flanke schwenkte, mit
einem kleinen Schwanz von Offizieren, da wußten sie alle, daß er etwas
sagen würde, und sie dachten alle, daß sie gern etwas trinken möchten,
trinken, auch essen oder schlafen oder eine Zigarette rauchen.
,,Kameraden'', sagte die Stimme hell und klar, ,,Kameraden, ich begrüße
euch. Es gibt nicht viel zu sagen, nur eins: wir müssen sie jagen, diese
Schlappohren, jagen in ihre Steppe zurück. Versteht ihr?''

13 Was erfährt der Leser über die Kompagnie von Soldaten?
    a. Sie marschierten im Karree durch die Stadt.
    b. Es sind Hunderte von schmutzigen, elenden Menschen.
    c. Sie besteht aus ungefähr 350 Mann.
    d. Die drei Einheiten bestehen je aus über 300 Mann.

14 Was fällt den Soldaten in den Stadtteilen auf, die sie durchqueren?
    a. Die hübschen Frauen sehen zwar arm, aber trotzdem schick aus.
    b. Weder die besseren noch die ärmeren Gebäude sind besonders
       sauber.
    c. Herrenlose Tiere haben die Bürgersteige verunreinigt.
    d. Man heißt die Neuangekommenen in den Wirtshäusern
       willkommen.

15 Wie endet dieser Zug durch die Stadt?
    a. In einem eleganten Viertel gibt es eine Parade.
    b. Die Ritter bleiben alle im Panzer.
    c. Allen Soldaten werden Zimmer in ruhigen Stadthäusern zugeteilt.
    d. Die Truppen müssen still stehen, und warten, bis sie den Obersten
       angeredet haben.

16 Was müssen sie zuerst tun?
    a. Zu allererst bekommen sie ihre Befehle erteilt.
    b. Sie müssen sich eine lange Rede anhören.
    c. Sie müssen ihre Ausrüstung absetzen, ehe sie sich wieder
       aufstellen.
    d. Sie müssen zuerst ihre Ration Zigaretten zugeteilt bekommen.

17 Was kann man über den hiesigen Oberbefehlshaber lesen?
    a. Er verfolgt seine Unteroffiziere durch die Reihen von Soldaten.
    b. Er hat Gesichtszüge einer fremden Rasse.
    c. Er scheint den Truppen unangenehm exakt und streng zu sein.
    d. Er hat sich einen hohen Rang im Roten Kreuz erworben.

18 Welche Wirkung scheint der Oberst auf diese Männer auszuüben?
   a. Sie interessieren sich immer noch nicht für Düsenjäger.
   b. Seine Anrede gibt ihnen einen kräftigen Appetit.
   c. Sie möchten nun auch mal auf die Jagd gehen.
   d. Seine Ansprache ist für sie nichts als eine überflüssige Verzögerung.

3 Krefeld

Aber die Krefelder haben neben dem Abendanzug auch ihre Sportkluft im Kleiderschrank. Sie bevölkern große Stadien und Hallen für Fußball, Handball, Leichtathletik oder Eishockey als aktive Sportler und passive Zuschauer. Sie haben intime Tennisplätze im Schatten von Parks, ein weites, offenes Golfgelände und die Augenlust ihrer berühmten, waldgesäumten Pferderennbahn. Dort, wo die Stadtteile Krefeld und Uerdingen zusammenwachsen, liegt das ausgedehnte Badezentrum, in dem großzügige, moderne Architektur den wassersportlichen Erfordernissen und vielseitigen freizeitlichen Ansprüchen den idealen Rahmen gibt. Jenen, die den frisch-fromm-fröhlich-freien Klimmzug, die Bock und Barren, Seil und Stange lieben, öffnen sich in allen Stadtvierteln die Turnhallen, und wer schließlich in die Lust körperlicher Bewegung das Erlebnis der Natur und heimatlicher Geschichte einschließen will, den beschenkt eine in ihrer Weite und Stimmung einzigartige Landschaft der Äcker und Wiesen, der Wälder und Seen, der sanften Hügel und ziehenden Wolken.

Ein wesentlicher Zug Krefelds, der die Stadt als Wohnort so sympathisch macht, ist ihre Naturoffenheit. Nicht nur, daß die Ränder ihrer geometrischen Anlage gegenüber der umgebenden Landschaft nicht auf Starrheit bestehen, der Saum vielmehr aus städtischen und ländlichen Formen in angenehmem Wechselspiel sich gibt – überall in Innern atmet grüne Natur in Gestalt von Gärten und Parks.

19 Die Einwohner dieser Stadt . . .
   a. ziehen abends gerne Trachten an.
   b. bilden eine gesellige Bevölkerung.
   c. pflegen sportliche und auch andere Interessen.
   d. stellen gerne Unfug an.

20 Die städtischen Tennisplätze . . .
   a. sind nur für Leute, die intim befreundet sind.
   b. sind zu nah am Wald gelegen.
   c. locken viele passive Zuschauer an.
   d. befinden sich unweit der öffentlichen Anlagen.

21 Die Pferderennbahn . . .
   a. verläuft um den Wald.
   b. bildet einen sehr attraktiven Anblick.
   c. liegt mitten in einem verzauberten Wald.
   d. ist überall in Süddeutschland bekannt.

22 Das hiesige Schwimmbad . . .
   a. ist ideal eingerahmt.
   b. fordert viel von den Sportlern.
   c. wurde von einem großzügigen Architekten geplant.
   d. wird sehr verschiedenartig ausgenützt.

23 Einige der hier erwähnten Stadtbewohner . . .
   a. haben viel für Körperübungen übrig.
   b. sind äußerst fromme, glückliche Menschen.
   c. besuchen alle Turnhallen des Ortes.
   d. sind davon begeistert, Berge zu erklimmen.

24 Die Naturschönheiten der Umgebung . . .
   a. sind ausschließlich für körperlich Gesunde da.
   b. sind oft mit Stätten geschichtlicher Bedeutung verbunden.
   c. bestehen einzig und allein aus Wiesen und Feldern.
   d. bilden eine trübe Seen- und Hügellandschaft.

25 Das Stadtgebiet . . .
   a. besitzt leicht zu verwechselnde Spielplätze.
   b. hat eine Luft, die unübertrefflich ist.
   c. weist Grünanlagen auch innerhalb der Vororte auf.
   d. ist im wesentlichen wohnlich.

Lesen und Verstehen. Test 3

Erster Teil: Hier werden einige Situationen beschrieben. Wählen Sie die Fortsetzung, die am besten paßt.

1 Der alte Herr Felix hört das erste Programm im Radio; da andauernd Schlager gespielt werden, brummt er:
    a. Die Musikanten hören sich sehr niedergeschlagen an.
    b. Das langweilige Spiel dauert schon ewig, und dauernd gibt es Freistöße.
    c. Im Vergleich zu den Klassikern sind doch diese experimentellen Symphonien Quatsch.
    d. Die Musikindustrie ist mir ebenso verhaßt wie die Produkte, die sie anbietet.

2 Bei einem Besuch zu Hause muß der junge Jura-Student gestehen, daß er in vier Monaten noch keinem Seminar beigewohnt hat. Er will sich nun vor seiner Familie rechtfertigen:
    a. Die Jura-Gegend sagt mir nicht zu.
    b. Tadeln kann jeder, der's nicht selbst machen muß.
    c. Das Studentenleben verlangt eben wenig Zeit.
    d. Priester wollte ich von Anfang an nicht werden.

3 Frau Brenner hat sich zum Rechtsanwalt begeben, um eine Scheidung zu beantragen. Sie erklärt ihm:
    a. Man kann bei soviel Eifersucht niemals frei atmen.
    b. Berufsberater haben wir ganz vergeblich versucht.
    c. Die Zuverlässigkeit meines Partners hat sehr dazu beigetragen.
    d. Die Charakterunterschiede sind zu klein, um daraus ein Problem zu machen.

4 Eine Kinderpsychologin redet mit der sehr besorgten Mutter eines elfjährigen Jungen, der sich starrsinnig weigert, seine neue Schule zu besuchen. Die Expertin sagt:
    a. Das Problem besteht darin, daß er seine Kindheitserlebnisse vergessen hat.
    b. Es ist höchste Zeit, daß er sich von der Familie unabhängig macht.
    c. Ob nicht die neue Umgebung ihm irgendwie bedrohlich erscheint?
    d. Haben Sie seine Kindergärtnerin dort um Rat gebeten?

5 Im Vorstand des örtlichen Athletikvereins wird besprochen, wie man das Geld für die kommende Saison am zweckmäßigsten und fairsten einteilen soll. Ein Mitglied ergreift das Wort:
    a. Die Rennbahn brauchen wir nicht mehr, da so viele Speerwerfer aus dem Klub ausgetreten sind.
    b. Wir sollten auch Hochsprung und Gewichtheben fördern.
    c. Nur diejenigen können mitmachen, die sich selbst Schläger leisten können. Das sind ja trostlose Aussichten.
    d. Fairneß im Sport müssen wir hier in erster Linie erörtern.

6 In einem Sonderausschuß, der aus Lehrern und Primanern einer Internatsschule besteht, erörtet man die immer wieder auftretende Frage, ob Alkohol- und Nikotingenuß im Wohnheim des Internats erlaubt werden soll. Einer der Erwachsenen ruft zornig aus:
   a. Könnt ihr nicht warten, bis ihr abends wieder zu Hause seid?
   b. Glaubt ihr, ihr seid der erste Jahrgang, der solche Forderungen stellt?
   c. Kinder, ihr seid in letzter Zeit so vernünftig gewesen, wir können euch jetzt eigentlich nichts verbieten.
   d. Ihr sollt hier doch nichts genießen.

Zweiter Teil: Sie lesen drei längere Ausschnitte mit dazugehörigen Fragen. Wählen Sie die jeweils passendste Antwort.

1   Ein Autor schreibt über die Inflation in der Schweiz und in Deutschland.
Wer sein Geld in den zur Zeit reichlich angebotenen Wertpapieren, die 5% Zinsen bringen, anlegt, hat wenigstens eine Sicherheit. Am Ende des Jahres ist sein Vermögen nur um anderthalb Prozent kleiner geworden. Und das ist in dieser Zeit allgemeiner Unsicherheit schon etwas – wenn die Entwertung sich nämlich, wie bisher, mit sechseinhalb Prozent begnügt ... Wie schützt sich nun der kleine Mann – mich inbegriffen – gegen das radikale Schwinden der Kaufkraft seiner durchaus nicht arbeitslos gesammelten Ersparnisse? Die Fachleute wissen keine Antwort, aber für eine Zweizimmerwohnung in der Zürcher Altstadt wurden 340 000 Franken verlangt, und die bringt ein Schriftsteller nur zusammen, wenn er Marxist ist und Theaterstücke oder Filme schreibt. Der heutige Franken ist, nach einer jüngst veröffentlichten Statistik, nur sechsunddreißig Centimes des Franken von 1939 wert. Jedes Milchmädchen – gibt es dergleichen noch? – kann also leicht berechnen, wann er nur 10 Centimes jenes Frankens wert sein wird. Die Entwertung der zwanziger Jahre in Deutschland war noch härter, ich mußte meinem achtjährigen Sohn fünf Milliarden wöchentliches Taschengeld geben, und davon konnte er sich höchstens ein winziges Stück Schokolade kaufen.

7 Welchen wenn auch kleinen Vorteil haben die erwähnten Wertpapiere?
   a. Die Zinsen liegen nicht zu hoch.
   b. Daß sie den Geldanleger im folgenden Jahr nur dreieinhalb Prozent kosten werden.
   c. Der Geldanleger wird dabei nicht allzuviel verlieren.
   d. Daß die Bank seine Gelder sicher aufbewahrt.

8 Welche Folge hat, nach Meinung dieses Autors, die Entwertung?
   a. Die finanzielle Lage ist verhältnismäßig unstabil geworden.
   b. Die Preissteigerungen haben ein Gefühl der Befriedigung hervorgerufen.
   c. Daß ein Geldanleger nur sechseinhalb Prozent ärmer wird.
   d. Daß sich der Durchschnittsmensch gegen seine radikalen Tendenzen verteidigen muß.

9 Vor welches Problem sieht sich der kleine Mann gestellt?
   a. Er muß sich vor der Arbeitslosigkeit fürchten.
   b. Er wird durch die Interessen der Fachleute bedroht.
   c. Er versteht sein Geld nicht zu schätzen.
   d. Es ist zwecklos geworden, einfach wie früher Geld zu sparen.

10 Was wird über die schweizerischen Wohnschwierigkeiten gesagt?
   a. Daß die Stadtverwaltung politisch links Stehende bevorzugt.
   b. Auch kleine Wohnungen unweit der Stadtmitte kommen äußerst
      teuer zu stehen.
   c. All die besten Wohnungen werden von modischen Schriftstellern
      aufgekauft.
   d. Daß auch für altmodische Wohnungen zuviel verlangt wird.

11 Worauf deutet die angegebene Statistik?
   a. Auch die Franzosen haben dieselben Probleme.
   b. Der Franken wird im folgenden Jahr nur ein Zehntel des
      Vorkriegswertes besitzen.
   c. Die Lage vor dem Krieg soll doch noch schlimmer gewesen sein.
   d. Die schweizerische Währung ist seit Kriegsbeginn um über 60%
      entwertet worden.

12 Nennen Sie eine hier angeführte Erfahrung aus den zwanziger Jahren.
   a. Jenseits des deutsch-schweizerischen Grenze ging es noch wirrer
      zu.
   b. Deutsche Politiker wurden damals häufig zu Extremisten.
   c. Er habe seinen Sohn doch zu der Zeit verwöhnt.
   d. Eine Familie konnte sich damals unmöglich ernähren.

2 Aus einem Roman von Peter Weiß.

Im Innern der Säle des Warenhauses hatte sich das Wachstum einer
tropischen Urwelt versteinert. Lianen, Wurzelwerk und
Farnblätter schlangen sich um die Säulen, die Gewölbe und
Treppengeländer. Die Wände und Decken der Räume waren von
Pilzen, Schwämmen und Moosen umwuchert. Die Waren lagen
aufgehäuft in Tropfsteinhöhlen. . . . Im Urwald des Hauses wurde
mir der Auftrag erteilt, dem Schaufensterdekorateur bei der
Beschaffung von Material zur Dekoration des Schaufensters
behilflich zu sein. Auf einen Zettel schrieb er die Liste der
gewünschten Waren, und ich glitt und rutschte zwischen dem
Schaufenster, das dekoriert werden sollte, und den verschiedenen
Abteilungen, die das Material liefern sollten, hin und her. Den
Zettel hatte ich bald verloren, die Menge der Waren füllte mich mit
hektischer Begeisterung, blindlings stürzte ich mich in die Auslagen
und raffte zusammen, was mir in die Hände kam. Einen Berg von
Waren schichtete ich vor dem Schaufenster auf, und da der
Dekorateur verschwunden war, dekorierte ich selbst das
Schaufenster. In dem heißen gläsernen Terrarium pries ich den
Überfluß des Warenhauses, umgab mich mit Schirmen und Birnen,
Stäben und Fäden, Scheren und Gewehren, Kämmen und
Schwämmen, Bürsten und Würsten, Pfeifen und Seifen, und nahm

selbst die Gestalt einer verzückt sich darbietenden Puppe an.

Und drauß en, hinter dem Glas, spendete die Straße mir Beifall, Gesichter schaukelten durcheinander und lachten, die ganze Straße lachte, die Automobilen kicherten, die Omnibusse hielten sich den Bauch vor Lachen, Polizisten schoben sich dazwischen, die Gesichter rote Ballons, vom Gelächter geschwollen. Doch von hinten ergriffen mich Hände und rissen mich empor, und eine gelbe Rollgardine knallte am Fenster herab, und scharfe Augengläser blitzten mich an, und die Schere wurde aus meiner Brusttasche gezogen, ich war ihrer nicht würdig. Nach diesem Versuch trat ich in Streik.

13 Wo spielt sich die geschilderte Handlung ab?
   a. Im Versammlungssaal eines riesigen Kaufhauses.
   b. In Verkaufsabteilungen, die dschungelartig ausgeschmückt worden sind.
   c. In einem Laden, wo zahlreiche Gewächse verkauft werden.
   d. In einem Warenhaus, dessen Wände mit Pilzen bewachsen sind.

14 Wo liegen die Waren ausgestellt?
   a. Sie sind zum Teil um die Säulen gewickelt.
   b. Im oberen Stockwerk des Gebäudes.
   c. In Haufen, die zur Decke reichen.
   d. Inmitten einer exotischen Innenausstattung.

15 Was ist dem Erzähler aufgetragen worden?
   a. Er soll Stoffe für die Ausschmückung machen.
   b. Er soll das Schaufenster schmücken.
   c. Er soll den Dekorateur mit Material versehen.
   d. Er soll Sachen, die gerade benötigt werden, in die verschiedenen Abteilungen tragen.

16 Warum geht das Unternehmen schief?
   a. Er handelt mit einem unsinnig übertriebenen Eifer.
   b. Man hat ihm keine vollständige Liste gegeben.
   c. Er verläuft sich bald im riesengroßen Kaufhaus.
   d. Der Dekorateur hat ihm dummerweise die Verantwortung für die Ausschmückung gegeben.

17 Warum könnte der Schriftsteller eine Reihe von paarweise sich reimenden Wörtern gewählt haben?
   a. Um eine hektische Steigerung seiner Gefühle anzudeuten.
   b. Um die Langeweile des Helden auszudrücken.
   c. Um zu zeigen, wie uninteressant das Angebot dieses Ladens ist.
   d. Um zu zeigen, daß die Arbeit für einen Dichter geeignet ist.

18 Was haben die verrückten Handlungen des Helden zur Folge?
   a. Die Leitung der Firma ruft die Polizei herbei.
   b. Die Vorgesetzten machen der grotesken Szene ein Ende.
   c. Er verdient den Beifall der Kunden.
   d. Die vorm Fenster stehenden Leute beginnen, sich auch wie toll zu benehmen.

19 Wie endet dieser Vorfall für den Erzähler?
   a. Er wird von anderen Angestellten angegriffen.
   b. Er darf seinen Auftrag nicht vollenden.
   c. Man schließt ihn in ein verdunkeltes Zimmer ein.
   d. Er hat nun mitstreiken müssen.

3 Lübeck

Aus der alten Siedlung ,,Ljubeke'' – was etwa die ,,Liebliche''
bedeutete – entstand 1159 die Stadt Lübeck unter der Schutzherrschaft
Heinrichs des Löwen an der südwestlichsten Ecke der Ostsee. Die
günstige Lage als Mittler zwischen den Ländern der damals bekannten
Welt brachte der Stadt Reichtum und Macht. Ihre ,,Ratsherren'' waren
gleichzeitig Kaufherren und Admirale. Das Meer formte die Menschen
dieser Stadt; tapfer, tüchtig, zäh, aber auch lebensfroh und kunstsinnig.

Über alle Zeiten hinweg hat sich Lübeck seine altdeutsche
städtebauliche Eigenart weitgehend bewahrt. Das Grandiose der
Lübecker Backsteingotik ist besonders in seinen Kirchen erhalten
geblieben. Und andächtig steht auch heute noch der moderne
Auto-Tourist wie einst der Fahrensmann der Hansezeit vor dem
romanischen Dom oder in der gotischen St. Marien-Kirche, die einst
Vorbild für den Kirchenbau im gesamten Ostseeraum war. Die erhalten
gebliebenen ,,alten'' Bürgerhäuser im Straßenbild der Stadt hingegen
entstammen erst späteren Bauperioden.

Das Salz war im Mittelalter so wichtig wie heute etwa Kohle oder Öl.
Alle nordischen Länder waren salzarm, brauchten es aber dringend für die
Konservierung von Fischen und anderen Lebensmitteln. Salz aus
Lüneburg wurde damals in großen Mengen auf Planwagen über die
,,Salzstraße'' in die Lübecker Salzspeicher gefahren. Von hier aus wurde
es nordwärts verschifft. Der Salzhandel bildete damals für Lübeck eine
wichtige Grundlage seiner wirtschaftlichen Macht.

20 Was wird über die frühe Geschichte der Stadt geschrieben?
   a. Man wählte die Stelle, weil deren Name so entzückend war.
   b. Sie entwickelte sich sofort zu einem unabhängigen
      Handelszentrum.
   c. Die ursprüngliche Siedlung wurde von Heinrich dem Löwen
      gegründet.
   d. Die Bewohner unterwarfen sich einem Fürsten.

21 Welchen Vorteil genoß die Stadt?
   a. Die einflußreichen Bürger konnten sich auch als Verräter betätigen.
   b. Die frühe Siedlung lag an einem Knotenpunkt wichtiger
      Handelsstraßen.
   c. Sie befand sich in der Mitte der damals bekannten Welt.
   d. Zahlreiche mächtige und wohlhabende Bürger zogen dorthin.

22 Welche postiven Charakterzüge sollen die Einwohner besitzen?
   a. Sie seien Leute, die ihren Gewinn auch zu nützen wissen.
   b. Sie seien roh und unkultiviert aber sehr praktisch veranlagt.
   c. Sie seien alle kundige Seefahrer.
   d. Sie seien hartnäckige und kampflustige Menschen.

23 Nennen Sie einige architektonische Sehenswürdigkeiten der Stadt.
   a. Einzigartige Kirchen, an die man in jedem Jahrhundert angebaut hat.
   b. Die gotische Kathedrale und die später errichtete St. Marien-Kirche.
   c. Mittelalterliche Denkmäler, die aus Backstein gebaut wurden.
   d. Die herrlichen, imponierenden Granitbauten der Gotik.

24 Warum steht hier das Wort „alt" in Anführungszeichen?
   a. Man beschreibt Häuser, die heute noch zu wirtschaftlichen Zwecken verwendet werden.
   b. Diese Bauten sind verhaltnismäßig spät hinzugefügt worden.
   c. Die reichen Bürger haben ihre Wohnungen ständig umgeändert.
   d. Erst seit dem modernen Straßenbau sind solche Gebäude von Bedeutung.

25 Welchem hier erwähnten Umstand hat die Stadt ihre Entwicklung zu verdanken?
   a. Andere norddeutsche Städte waren im Vergleich zu Lübeck noch arm.
   b. Planwagen verkehrten regelmäßig zwischen Lüneburg und den Lübecker Speichern.
   c. Damals benutzte man Salz zur Konservierung, genau wie wir heute Benzin gebrauchen.
   d. Der rege Handel hat ihre Kauf- und Wirtshäuser gedeihen lassen.

Lesen und Verstehen. Test 4

Erster Teil: Hier werden einige Situationen beschrieben. Wählen Sie die
Fortsetzung, die am besten paßt.

1   Die erst sechzehnjährige Ute, die gar nicht unintelligent ist, hat es
schon sehr gerne, sich als feine Dame aufzuführen. Schließlich regt sich ihr
Freund darüber auf:

   a. Du solltest versuchen, anderen Menschen mehr aufzufallen.
   b. Bei deiner lebenslangen Erfahrung müßtest du es schon besser
      wissen.
   c. Du hast doch keine schauspielerische Begabung.
   d. Du mußt ja nicht immer im Vordergrund stehen wollen.

2   Zwei hochgestellte Verwaltungsbeamte eines bedeutenden
Düsseldorfer Finanzhauses unterhalten sich über eine plötzliche
Verschlechterung der allgemeinen wirtschaftlichen Lage. Der eine meint:

   a. Die deutsche Währung ist nämlich äußerst stark.
   b. Die Gewerkschaften haben sehr zum Aufstieg beigetragen.
   c. Die gegenwärtige Zahlungsbilanz wird uns viel zu schaffen machen.
   d. Als einfache Büroangestellte können wir nichts dafür.

3   Ein junger Student, der sich in der Freizeit mehr Geld verdienen muß,
versucht ein sehr gewissenhaftes Elternpaar dazu zu überreden, eine
Kinderenzyklopädie für ihren Sohn zu kaufen. Der Vater äußert:

   a. Kann man den Gesamtbetrag auch in Raten abzahlen?
   b. Wunderbar, wie Sie freiwillig soviel Zeit und Energie dafür
      aufopfern!
   c. Als Hausierer habe ich irgendwie immer ein schlechtes Gewissen.
   d. Natürlich wollen wir unserem Jungen bei seiner Doktorarbeit Hilfe
      leisten.

4   Ein gerade erst qualifizierter Tierarzt wird mitten in einer stürmischen
Winternacht zu einem einsamen Bauernhof wegen einer Vieherkrankung
herausgerufen. Der Bauer fragt ihn:

   a. Glauben Sie, Herr Doktor, daß Sie meine Tiere noch retten
      können?
   b. Soll ich die Nachbarn hereinholen, um uns zu helfen?
   c. Wird meine Weizenernte dadurch beschädigt werden?
   d. Haben Sie denn schon je andere Tiere untersuchen müssen?

Zweiter Teil: Sie lesen drei längere Ausschnitte mit dazugehörigen Fragen.
Wählen Sie die jeweils passendste Antwort.

1   Aus dem Roman ,,Homo Faber'' von Max Frisch
(Der Erzähler ist in der mexikanischen Wüste gestrandet, nach der
Notlandung des Flugzeugs, mit dem er geflogen war.)
  Ich habe mich schon oft gefragt, was die Leute eigentlich meinen, wenn
sie von Erlebnis reden. Ich bin Techniker und gewohnt, die Dinge zu
sehen, wie sie sind. Ich sehe alles, wovon sie reden, sehr genau; ich bin ja
nicht blind. Ich sehe den Mond über der Wüste von Tamaulipas – klarer als
je, mag sein, aber eine errechenbare Masse, die um unseren Planeten

kreist, eine Sache der Gravitation, interessant, aber wieso ein Erlebnis? Ich sehe die gezackten Felsen, schwarz vor dem Schein des Mondes; sie sehen aus, mag sein, wie die gezackten Rücken von urweltlichen Tieren, aber ich weiß: Es sind Felsen, Gestein, wahrscheinlich vulkanisch, das müßte man nachsehen und feststellen. Wozu soll ich mich fürchten? Es gibt keine urweltlichen Tiere mehr. Wozu soll ich sie mir einbilden? Ich sehe auch keine versteinerten Engel, es tut mir leid; auch keine Dämonen, ich sehe, was ich sehe: die üblichen Formen der Erosion, dazu meinen langen Schatten auf dem Sand, aber keine Gespenster. Wozu weibisch werden? Ich sehe auch keine Sintflut, sondern Sand, vom Mond beschienen, vom Wind gewellt wie Wasser, was mich nicht überrascht; ich finde es nicht fantastisch, sondern erklärlich. Ich weiß nicht, wie verdammte Seelen aussehen; vielleicht wie schwarze Agaven in der nächtlichen Wüste. Was ich sehe, das sind Agaven, eine Pflanze, die ein einziges Mal blüht, und dann abstirbt. Ferner weiß ich, daß ich nicht (wenn es im Augenblick auch so aussieht) der erste oder letzte Mensch auf der Erde bin; und kann mich von der bloßen Vorstellung, der letzte Mensch zu sein, nicht erschüttern lassen, denn es ist nicht so. Wozu hysterisch sein?

5 Warum versteht der Verfasser dieses Textes die Erfahrungen anderer Leute nicht?
    a. Weil er ein gut erzogener Mensch ist.
    b. Weil er so unerfahren ist.
    c. Weil seine wissenschaftliche Weltanschauung ihn beeinflußt.
    d. Weil er sich als eingebildeter Mensch nicht für andere interessiert.

6 Nennen Sie ein hier erwähntes Beispiel einer eindrucksvollen Naturerscheinung.
    a. Die Unberechenbarkeit der Gravitation zwischen den Planeten.
    b. Die Wirkung des Mondscheins in der nächtlichen Finsternis.
    c. Die ungeheuren Massen der Himmelskörper.
    d. Die Unermeßlichkeit der Wüste.

7 Womit werden die Felsen hier verglichen?
    a. Zum Beispiel mit Dinosauriern.
    b. Mit den zackigen Abhängen eines Vulkans.
    c. Mit steinigen Bergrücken.
    d. Mit Geschöpfen anderer Welten.

8 Welcher weitere Gedanke könnte hier einen phantasievolleren Menschen als den Autor beunruhigen?
    a. Die Wirkung der Erosion könnte den Boden gefährlich gemacht haben.
    b. Daß in dieser Nacht ein Sturmwind aufkommen könnte.
    c. Der ängstliche Gedanke an eine eventuelle Naturkatastrophe.
    d. Im Dunkeln könnte man von wilden Tieren überfallen werden.

9 Welcher Anblick könnte hier, nach Meinung des Autors, eine gespenstische Stimmung schaffen?
   a. Pflanzen, die an die Toten im Himmel erinnern.
   b. Die tödlichen Agaven.
   c. Die vor ihm liegende Wasserwüste.
   d. Die krummen Formen der Wüstengewächse.

10 Was könnte einen in dieser Situation hysterisch machen?
   a. In der Fremde vorgestellt werden zu müssen.
   b. Die Pflanzen hierzulande könnten gefährlich sein.
   c. Wüsteneinwohner könnten einen angreifen.
   d. Ein augenblickliches Gefühl völligen Alleinseins.

2 Brecht in Amerika

Während der glücklichen Arbeit mit Charles Laughton bereiteten sich für Brecht neue Schwierigkeiten vor. Der Ausschuß zur Untersuchung „unamerikanischer Betätigung" zitierte Brecht zu einem Verhör. Es ging darum, festzustellen, ob kommunistische Zellen in der Filmbranche gebildet worden seien und ob Brecht zu einer solchen Zelle zu rechnen sei. Die Zeitungen sprachen von „Verschwörungen".

Brecht hatte sich einem scharfen Verhör über seine Gesinnung zu unterziehen, dem er mit Humor und List standhielt. Die Verhandlung fand vor einem großen Publikum statt, und Brecht hatte die Lacher immer auf seiner Seite. Es gibt die verschiedensten Schilderungen dieses Verhörs. Es existiert die gehässige Bemerkung „Nach dem Kriege ging er nach Deutschland zurück mit einem amerikanischen Literaturpreis in der Tasche und dem Dank des amerikanischen Untersuchungsausschusses für die Bereitwilligkeit, mit der er schwor, er sei nie Kommunist gewesen"; und es gibt die empörten Berichte der Freunde Brechts. Es gibt aber vor allem noch die Bandaufnahme des Verhörs. Es verlief einer brechtschen Theaterszene nicht unähnlich und Brecht führte dabei Regie, selbst wenn er der Befragte war. Vorsichtig entzog er sich den immer wieder aufs neue gelegten Schlingen. Als man ihm zuspielte, er sei in den zwanziger Jahren als Dichter sehr revolutionärer Dramen und Gedichte bekannt gewesen, entgegnete er: „Revolutionär gegen die Nazis" und erklärte, er sei nie Mitglied der Kommunistischen Partei gewesen, was der Wahrheit entsprach. Er habe für alle Arbeiter geschrieben.

Brecht benutzte sein schlechtes Englisch deutlich dazu, Zeit zum Überlegen zu gewinnen. Die Antworten kamen zögernd, stockend, aber sehr präzise und geschickt formuliert. Man sollte ihm bei seiner Heimkehr noch einige Schwierigkeiten bereiten, aber zunächst ließ man ihn frei, und er benutzte die Gelegenheit, schnell in ein Flugzeug zu steigen und in die Schweiz zu fliegen, damals das einzige Land, das ihn aufnahm! Freunde schafften seine Manuskripte und Bücher heraus, sein gesamtes Werk trug er mit sich auf Mikrofilmen in der Tasche.

21

11 Was für Schwierigkeiten hatte Brecht damals?
  a. Seine amerikanischen Kollegen unterbrachen seine Arbeit.
  b. Er wurde verdächtigt, kommunistische Neigungen zu hegen.
  c. Die Regierung wollte gegen Fremdarbeiter mit aller Schärfe
     vorgehen.
  d. Die amerikanische Presse hatte sich gegen Brecht verschwört.

12 Was wird über die öffentliche Untersuchung berichtet?
  a. Sie wurde von den Führern der Filmindustrie eingeleitet.
  b. Brecht konnte die Anklagen mühelos beiseite schieben.
  c. Brecht konnte den Fallen ausweichen und dabei noch scherzhaft
     bleiben.
  d. Brecht befand sich vor einem Saal spöttischer Zuschauer.

13 Welche Kritik wurde an Brechts Handlungsweise damals geübt?
  a. Er sei vom Ausschuß mit einer Auszeichnung belohnt worden.
  b. Brecht hege einen tiefen Haß gegen die Kommunisten.
  c. Er besitze zu wenig literarische Begabung, einen Preis verliehen zu
     bekommen.
  d. Er habe für seinen persönlichen Nutzen ohne weiteres den
     Kommunismus verleugnet.

14 Wie kann man sich ein Urteil über dieses Gerichtsverfahren bilden?
  a. Von den Schilderungen Brechts mutiger Freunde.
  b. Die Verhandlung konnte man damals im Fernsehen verfolgen.
  c. Man kann sich Zugang zu den offiziellen Tonbandaufnahmen
     verschaffen.
  d. Brecht hat die Szenen in späteren Theaterstücken dargestellt.

15 Was erfährt man über das Verhör?
  a. Brecht habe die Anwälte ganz offen belogen.
  b. Der Oberrichter hätte sich höchst fragwürdig benommen.
  c. Die Beamten hätten Brecht mit neugierigen Blicken verschlungen.
  d. Es sei ein kluges Wortgefecht zwischen den Anklägern und dem
     Angeklagten gewesen.

16 Wie entgegnete Brecht den feindseligen Fragen des Ausschusses?
  a. Er gab glaubwürdige Antworten, die ihn nicht belasteten.
  b. Er ließ sich vom Dolmetscher jede Frage ins Deutsche übersetzen.
  c. Er mußte sich erst absurde Antworten ausdenken.
  d. Er zögerte oft, da er sich seiner Meinung nicht sicher war.

17 Wie entkam er der Verfolgung?
  a. Er verschwand aus seiner Wohnung, als man ihn ins Gefängnis
     bringen wollte.
  b. Den Auswanderungsbeamten gab er vor, er verstehe kein Englisch.
  c. Er mußte schnell in ein neutrales Land fliehen.
  d. Er hat seine Werke im voraus herausgeschmuggelt.

3 Der Weg zur nationalen Einigung Deutschlands

Dasselbe Deutschland, das um 1800 eine strahlende Kultur geschaffen hatte, war politisch noch immer beinahe ein Vakuum, von dutzenden kleiner Fürsten beherrscht, von hunderten von Staatsgrenzen zerteilt.

Nun aber wecken besonders die Ideen der Romantik, verstärkt durch das Erlebnis der Fremdherrschaft unter Napoleon, den Wunsch nach nationaler Einheit. ,,Wo ist des Deutschen Vaterland? Soweit die deutsche Zunge reicht!'' Das war das Schlagwort, das die deutschen Patrioten geprägt hatten. Gleichzeitig entzündeten die Gedanken der Aufklärung und des Humanismus, das Vorbild Frankreichs und der USA auch in Mitteleuropa das Streben nach Freiheit, nach liberalen Staaten mit Parlamenten und Verfassungen.

Nach der Niederlage Napoleons siegte aber zunächst die Reaktion. Die alten Monarchien wurden zum großen Teil wiederhergestellt. 1848 brach in ganz Europa eine nationale und liberale Revolution aus. Sie scheiterte, zeigte aber deutlich, daß jene Restauration der alten Staaten weder den Ideen noch den wirtschaftlichen Bedürfnissen der neuen Zeit entsprach.

Bismarck, der preußische Ministerpräsident, war es der die Führung der deutschen Einigungsbewegung übernahm. Er war ein konservativer, monarchisch gesinnter Staatsmann, dessen kluge Politik durch Realismus und Härte bestimmt war.

War es möglich, auch die österreichische Monarchie mit ihren vielen nichtdeutschen Nationalitäten in das neue Reich aufzunehmen? Dies war die schwierigste Frage der deutschen Patrioten und Staatsmänner. Bismarck verneinte sie. Österreich auszuschließen war also das Ziel seiner Politik.

Österreich widersetzte sich daher der Einigung Deutschlands unter Preußens Führung; ebenso Frankreich, das eine Stärkung der deutschen Macht fürchtete. Beide Länder wurden in zwei kurzen Kriegen 1866 und 1871 besiegt. Damit hatte Bismarck die Einigung Deutschlands ,,durch Blut und Eisen'' erzwungen.

In Mitteleuropa war so nach jahrhundertelangem Vakuum ein mächtiges Reich entstanden. Aber es war ein Reich, das den großen Idealen der Einheit und Freiheit doch nicht völlig entsprach. Die Folgen waren politische und soziale Spannungen, die erst in den Katastrophen unseres Jahrhunderts zum Ausbruch kamen.

18 In welchem Zustand befand sich Deutschland um 1800?
  a. Zahllose Edelleute kämpften gegen die Regierung.
  b. Es war ein Land mit hochentwickelten kulturellen und staatlichen Einrichtungen.
  c. Die politische Kleinstaaterei entsprach dem damaligen Kulturstand ganz und gar nicht.
  d. Die führenden Staatsmänner warfen mit leeren Schlagwörtern um sich.

19 Nennen Sie eine der Ursachen, worauf hier der neue Patriotismus
zurückgeführt wird.
   a. Eine romantische Sehnsucht nach den Heldentaten Napoleons.
   b. Den Einfluß zeitgenössischer Schriftsteller und Denker.
   c. Die lang erduldete Tyrannei kleinlicher Herrscher aus fremden
      Ländern.
   d. Das Begehren, auch in der Fremde Deutsch zu sprechen.

20 Warum wurde das Verlangen nach politischer Freiheit dermaßen stark?
   a. Es wurde von im In- und Ausland neu aufgekommenen Ideen weiter
      vorangetrieben.
   b. Die Deutschen waren damals ausnahmslos Patrioten.
   c. Man wollte sich von allen ausländischen Einflüssen freimachen.
   d. Französische und amerikanische Verfasser haben neue
      Erklärungen über Deutschland abgegeben.

21 Welches der folgenden Ereignisse hatte der Sieg über Napoleon zur
Folge?
   a. Man gründete mit der Hilfe Bismarcks ein fortschrittliches,
      liberales Parlament.
   b. Die wirtschaftliche Ordnung wurde durch die zurückgekehrten
      Soldaten durcheinandergebracht.
   c. Den einfachen Bürgern wurde es ermöglicht, politisch selbstständig
      zu werden.
   d. Eine zeitweilige Wiederkehr der alten Ordnung.

22 Was erfährt der Leser über den Politiker Bismarck?
   a. Er war ein zielbewußter aber nicht sehr progressiver Staatsmann.
   b. Er war zu konservativ, um viel für die Idee der deutschen Einheit
      übrig zu haben.
   c. Er wollte alle damaligen deutschen Königreiche vollständig erhalten.
   d. Er war ein Politiker, der nur auf seine persönliche Eingebung hörte.

23 Weswegen traf man auf besondere Probleme in bezug auf Österreich?
   a. Weil sich Österreich mit Frankreich verbündet hatte.
   b. Weil seine deutschsprachigen Gebiete von anderen Rassen
      überrannt worden waren.
   c. Weil ein Teil seiner Bevölkerung nichts mit den Zielen der
      deutschen Politiker gemeinsam hatte.
   d. Weil sich Bismarck mit den Patrioten nicht vertragen konnte.

24 Wie könnte man den Begriff „Blut und Eisen" sonst noch ausdrücken?
   a. Selbstlose Aufopferung.
   b. Menschen und Material.
   c. Durchorganisierte, streng disziplinierte Industrie.
   d. Empfindsamkeit und Grausamkeit.

25 Inwiefern wurde die Entwicklung des neuen Reichs erschwert?
   a. Die Arbeiter- und Freiheitsbewegungen hatten es zu weit getrieben.
   b. Die Führer dieses Reichs waren zu große Idealisten.
   c. Es blieb im Innern nicht stark genug, den ersten Weltkrieg zu führen.
   d. Der Unterschied zwischen der politischen Wirklichkeit und den
      politischen Idealen war zu groß.

Erster Teil: Hier werden einige Situationen beschrieben. Wählen Sie die Fortsetzung, die am besten paßt.

1 Es kommt immer wieder vor, daß neuangekommene Gastarbeiter, die die Verhältnisse in der BRD noch nicht richtig kennen, von Arbeitgebern ungerecht behandelt werden. Ein Angestellter des Fremdenamtes redet mit einem solchen Arbeitgeber darüber:
   a. Sie müssen doch einsehen: Ohne Genehmigung dürfen Sie nicht im Land bleiben.
   b. Hat man mit solchen Leuten zu tun, so muß man immer auf seine Rechte bestehen.
   c. Ja, Ausländer sind sehr oft unternehmungslustig.
   d. Auch wenn es für einen nicht immer vorteilhaft ist, soll man gesetzmäßig handeln.

2 Der Richter verurteilt einen Wilddieb; dennoch prahlt dieser:
   a. Wenn ich nur nicht soviel Silber mitgenommen hätte, hätte man mich nicht erwischt.
   b. Wenn der Herr Richter nur in Betracht nehmen würden, daß ich schon seit sechs Wochen arbeitslos bin.
   c. Ich wäre schon längst über alle Berge, wenn ich nicht so viele Fasane gefangen hätte.
   d. Aber Herr Richter, ich breche nur in die Häuser von Menschen ein, die genügend Geld haben.

3 Der Pastor eines norddeutschen Industrieviertels leitet eine wöchentliche Diskussionsgruppe mit einigen Gemeindemitgliedern. Er fängt die heutige Besprechung folgendermaßen an:
   a. Die politische Situation geht uns alle als Gläubiger an.
   b. Wir müssen uns anstrengen, den protestantischen Standpunkt zu verstehen.
   c. Man braucht eine nähere Verbindung zwischen dem Alltäglichen und dem Geistlichen.
   d. Fabrikarbeiter sind uns fremd; dennoch sollten wir versuchen, sie zu verstehen.

4 In der Thermostatenmontage einer Dortmunder Fabrik unterhält sich ein neuer Werkstudent mit einem der dort angestellten Lehrlinge, und macht folgende Bemerkung:
   a. Ich finde es nicht gerade faszinierend, den ganzen Tag diese kleinen Dinge auseinanderzunehmen.
   b. Selbstverständlich wirst du dich an den Druck der Arbeit hier ⁻ gewöhnen.
   c. Ich hatte vorher Angst, ich würde mich mit Bayern nicht verständigen können.
   d. Ich hätte nie gedacht, daß Fabrikarbeit so eintönig sein könnte.

5 Während einer kurzen Pause bei einer Gipfelkonferenz in Wien
bemerkt einer der anwesenden Minister zu den dort versammelten
Presseleuten:
   a. Jetzt werde ich endlich die Sammlungen dieser Hauptstadt
      besichtigen können.
   b. Für politische Fragen fühle ich mich natürlich nicht zuständig.
   c. Nun hätten wir, meine Herren, endlich den Gipfel erreicht.
   d. Wir müssen alle abwarten und Tee trinken, sowohl Sie als auch ich.

Zweiter Teil: Sie lesen drei längere Ausschnitte mit dazugehörigen Fragen.
Wählen Sie die jeweils passendste Antwort.

1 Weihnachten
   Ist Weihnachten heilbar? Diese bange Frange stellen sich seit Wochen
wieder viele tausend Menschen. Die Antwort des Leiters des Deutschen
Weihnachtsforschungszentrums in Heidelberg, Professor Dr Roland
Krebs, ist leider nicht geeignet, ihnen ihre Sorgen zu nehmen: ,,Ein
Universalmittel gegen Weihnachten wird es vorerst nicht geben. Unsere
Hoffnungen im Kampf gegen diese Geißel der Menschheit liegen vor allem
auf dem Gebiet der Weihnachtsfrüherkennung und der
Weihnachtsverhütung. Unsere Beratungsstellen stehen allen zur
Verfügung, die vorbeugende Maßnahmen gegen Weihnachten treffen
wollen. Das sollte spätestens geschehen, wenn ein Weihnachtsgefährdeter
unnatürliche Fragen nach seinen speziellen Wünschen registriert. Frauen
klagen in diesem Stadium häufig unter Parfümmangel, während man bei
Kindern eine heftige Eisenbahn-und Transistorsucht diagnostizieren kann.
   ,,Immerhin hat sich in diesem Zustand für Familienväter die
Verkündung von Scheidungsabsichten als erfolgversprechend erwiesen.
Eine mehrfache Bekräftigung solcher Absichten beim gemeinsamen
Abendessen, jeweils sechs, drei und eine Woche vor dem
Weihnachtsausbruch, ist erfahrungsgemäß ein relativer Schutz gegen das
Fest . . . Deutlich sichtbare Erfolge konnten wir auf einigen Detailgebieten
verbuchen. So ist zum Beispiel der Rückgang der Weihnachtsgrüße nicht
zu übersehen. Wir haben dabei die Unterstützung der Bundespost
gefunden, die durch massive Portoerhöhungen und Verzögerungen bei der
Postzustellung unsere Bemühungen direkt förderte.''

6 Wie wird hier das Weihnachtsfest dargestellt?
   a. Als eine heilige Angelegenheit.
   b. Als eine Erscheinung, die viele Opfer ängstlich macht.
   c. Als eine Art deutsche Krankheit.
   d. Als noch zu erschließendes Forschungsgebiet.

7 Warum wurde wohl der Name Dr Roland Krebs gewählt?
   a. Weil Heidelberg ein weltbekanntes Forschungszentrum ist.
   b. Da das Fest spöttisch als krebsartige Krankheit geschildert wird.
   c. Weil Roland der Held einer alten germanischen Sage war.
   d. Da sich dieser Experte einen fragwürdigen Ruf erworben hat.

8 Wie beabsichtigt der Professor, diese Epidemie zu bekämpfen?
  a. Er sagt, wir müssen versuchen, die Sache im Keim zu ersticken.
  b. Seiner Ansicht nach dürfen alle unbekümmert sein.
  c. Er behauptet, man könne nur das Auftreten des richtigen Mittels abwarten.
  d. Seiner Ansicht nach braucht man einfach irgendeine Wunderpille, um die Erkrankung zu beseitigen.

9 Woran erkennt man das Eintreten der Krankheit?
  a. Damen glauben unvernünftigerweise, ihre Männer müßten angeklagt werden.
  b. Es entwickelt sich eine unheimliche Sehnsucht nach materiellen Anschaffungen.
  c. Kinder suchen ihre Lieblingsspielzeuge.
  d. Der Betroffene geht häufig zur Eheberatung.

10 Welche Maßnahmen kann der Ehemann treffen?
  a. Er muß klarmachen, daß er sich mit diesem Zustand nicht abfinden will.
  b. Er muß sich unbedingt gegen Familienessen wehren.
  c. Er muß sich in Feststimmung versetzen.
  d. Er sollte sich sofort scheiden lassen.

11 Welche positiven Tendenzen bemerkt der Autor?
  a. Man hat ein sehr detailliertes Verzeichnis aufstellen können.
  b. Weihnachtsgrüße werden nun häufiger in Person überbracht.
  c. Die Probleme der Bundespost tragen dazu bei, daß weniger Karten geschickt werden.
  d. Die Beamten haben sich extra angestrengt, die Weihnachtspost ohne Haken zu erledigen.

12 Welche Absicht hatte wohl der Verfasser dieses Artikels?
  a. Er wollte die medizinische Forschung unterstützen.
  b. Er wollte sich über das ganze Getue um Weihnachten lustig machen.
  c. Er hatte es vor, die steigende Angst vor Krebs lächerlich erscheinen zu lassen.
  d. Er wollte die deutsche Gesundheitsmanie verspotten.

2   Politische Beziehungen zwischen der BRD und Osteuropa
  Über dreißig Jahre sind seit dem Ende des Zweiten Weltkriegs vergangen, und dennoch sind noch immer nicht alle Hypotheken abgetragen, die der vor allem für Europa so verhängnisvolle Krieg hinterlassen hat. Die unseligen Ereignisse hatten zwischen den Deutschen und ihren meisten Nachbarn tiefe Gräben aufgerissen, Adenauers Versöhnungspolitik dem Westen gegenüber, von den Menschen dort aufgegriffen und erwidert, hat die Gräben im Westen langsam zuzuschütten vermocht.
  Mit den Verträgen von Moskau und Warschau haben die Regierungen Brandt/Scheel und Schmidt/Genscher den Weg zur Normalisierung mit dem Osten beschritten und weitergeführt. Niemand auf beiden Seiten gab sich dabei irgendwelchen Illusionen über das Tempo einer nur behutsam möglichen Annäherung hin. Zwar hatte der Warschauer Vertrag von 1970

27

das polnisch-deutsche Verhältnis entkrampfen können, doch belastete auch danach das Problem der Ausreisemöglichkeit für Deutsche in Polen die Beziehungen weiter.

Der neue Vertrag zwischen der Volksrepublik Polen und der Bundesrepublik Deutschland, am Rande der Konferenz für Sicherheit und Zusammenarbeit in Europa vereinbart, im Oktober 1975 in Warschau unterzeichnet, soll den tiefen Graben zwischen Polen und Deutschen ein wenig zuschütten. Beide Seiten vereinbarten, daß alle Personen unbestreitbar deutscher Volkszugehörigkeit in einen der beiden deutschen Staaten ausreisen dürfen, zunächst 120 000 bis 125 000 Menschen in den kommenden vier Jahren.

Die Politiker haben mit diesen Vereinbarungen, Abkommen und Protokollen einen großen Schritt aufeinander zu getan. Niemand in beiden Ländern wird das, was nun beschlossen worden ist, mit einer Aussöhnung zwischen Polen und Deutschen verwechseln wollen, aber die Menschen hüben und drüben hoffen, daß damit die größten Steine auf dem Weg zu mehr Verständnis und Zusammenarbeit beiseite geräumt wurden. Allein das wäre schon viel – vielleicht macht die junge Generation, machen die nächsten Generationen hier wie dort noch mehr daraus.

13 Was war das Erbe des Zweiten Weltkriegs in Europa?
   a. Verwicklungen, die nach mehr als einem Vierteljahrhundert noch zu entwirren sind.
   b. Überall Schutzgräben, die noch nicht zugeschüttet worden sind.
   c. Man hat noch nicht alle Hypotheken überprüfen können.
   d. Alles hängt noch ausschließlich von der Vorkriegspolitik ab.

14 Wie haben sich die Beziehungen zwischen der BRD und dem Westen entfaltet?
   a. Allmählich hat man eine neue Zusammenarbeit einleiten können.
   b. Man hat die deutschen Anstrengungen scharf angegriffen.
   c. Kanzler Adenauer zeigte sich von Anfang an unbeugsam.
   d. Erst mit Brandt lockerte sich die Lage einigermaßen auf.

15 Was kann man über die Verhandlungen zwischen der Bundesrepublik und Osteuropa lesen?
   a. Die Zusammenarbeit von vier Bundeskanzlern hat zum Erfolg beigetragen.
   b. Keines der beiden Länder wollte von seiner Minderheit betrogen werden.
   c. Polens deutschsprachige Minderheit hat die Verhandlungen sehr erschwert.
   d. Man mußte sich krampfhaft vor jeder Vereinbarung hüten.

16 Was wird über den deutsch-polnischen Vertrag von 1975 berichtet?
   a. Laut Vertrag werden Tausende von Deutschsprachigen auswandern müssen.
   b. Man habe dadurch nun endgültig alle Hindernisse beseitigt.
   c. Die Bundesrepublik habe als EWG-Mitglied gehandelt.
   d. Auch die DDR werde vielleicht dadurch neue Staatsbürger bekommen.

17 Welche Deutung träfe hier am besten die Redewendung ,,die Menschen hüben und drüben''?
   a. Polen, die beiderseits der Mauer wohnen.
   b. Mitglieder der älteren und der jüngeren Generation.
   c. Politiker auf beiden Seiten des Verhandlungstisches.
   d. Polnische sowie bundesrepublikanische Staatsangehörige.

18 Wie hat man dieses letzte Abkommen einzuschätzen?
   a. Man hat sich durch zuviel Protokoll aufhalten lassen.
   b. Man ist von den wesentlichen Themen doch abgekommen.
   c. Man hat die Deutschen und die Polen zu leicht miteinander verwechselt.
   d. Man hat einen Schritt in Richtung Volkerverständigung gemacht.

3   Das trostlose Ende der Ulrike Meinhof
(aus einem Zeitungsartikel über den angeblichen Selbstmord der Revolutionärin)
   ,,Das Ende eines vertanen Lebens ist immer traurig,'' schrieb die Londoner ,,Times'' zum Tode von Ulrike Meinhof. Dieser eine Satz zeugt von mehr Menschlichkeit und Einfühlung in die Lage der gescheiterten Revolutionärin als das ,,Mord''–Geschrei ihrer Gefolgschaft, das Lamento ihrer Anwälte und der Versuch der Wegbegleiter des Terrors, die Bundesrepublik als faschistischen Staat zu diffamieren.
   Was hat den kommunistischen Autor Jean Paul Sartre an diesem Tod gerührt? Waren es wirklich die ,,unmenschlichen Leiden, die die Mitglieder der Gruppe ertragen mußten''? Oder war es nur ein weiteres Mal jene Irrlehre, der Ulrike Meinhof bis zur bittersten Konsequenz gefolgt war? Es ist die Lehre des Wegweisers Sartre, der selbst den Weg nicht gehen mochte, den er wies: ein Revolutionär dürfe seinen Gegner töten, wenn er ihn nicht bekehren kann.
   Die Bombenanschläge auf deutsche Firmenvertretungen und Kulturinstitute in Frankreich, Spanien und Italien, die Straßenschlacht in Frankfurt, bei der ein Polizeibeamter durch einen Molotow-Cocktail auf den Tod verbrannt wurde – sie waren das inhumane Klagelied der Hinterbliebenen auf die von ihnen so sehr vermißte Humanität. Es stimmt schon: Die Baader-Meinhof-Leute und ihre Nachfolger haben die Menschheit immer nur im Abstrakten geliebt; der einzelne blieb ihnen gleichgültig. Sie verursachten keine Revolution, sondern erschöpften sich in der reinen Kriminalität.

19 Weshalb zeigt der Reporter der ,,Times'' Mitleid?
   a. Weil er die Taten der verstorbenen Frau billigte.
   b. Weil sich diese Zeitung einen Ruf für die Menschlichkeit erwerben möchte.
   c. Weil diese Frau nichts Positives aus ihrem Leben gemacht hat.
   d. Weil sich die ,,Times'' Deutschen gegenüber sympathisch verhält.

20 Worüber empörten sich die Anhänger der toten Revolutionärin?
   a. Daß sie nur von minderbegabten Anwälten verteidigt wurde.
   b. Daß ihre Revolutionspläne gescheitert sind.
   c. Daß Ulrike Meinhof ermordet worden sei.
   d. Daß die Faschisten Deutschland einen schlechten Ruf geben
      wollen.

21 Wie hat der Schriftsteller Sartre auf diesen Tod reagiert?
   a. Er empfand diese Art Tod als erniedrigend.
   b. Er verurteilte die faschistischen Greueltaten der Revolutionärin.
   c. Er erkannte, daß Ulrike Meinhof seinem Beispiel gefolgt war.
   d. Ihn hat die Behandlung dieser Gruppe durch den deutschen Staat
      erschüttert.

22 Welche Kritik wird am Standpunkt des französischen Schriftstellers
geübt?
   a. Er habe einen Weg empfohlen, den er selbst nicht zu gehen gewagt
      habe.
   b. Seine Denkweise sei überhaupt nicht logisch.
   c. Er sei bereit, seine politischen Gegner eigenhändig zu vernichten.
   d. Er habe in seinen politischen Auffassungen eine völlige Umkehr
      gemacht.

23 Wie haben gewisse Leute gegen das Ende von Ulrike Meinhof
protestiert?
   a. Sie versuchten, Gastarbeiter durch Terrorismus einzuschüchtern.
   b. Sie haben Anschläge auf deutsche Einrichtungen im Ausland
      gemacht.
   c. Sie entrüsteten sich über die Bombenangriffe.
   d. Sie haben Straßenkämpfe in fremden Hauptstädten angefacht.

24 Worin bestand das ,,Klagelied'' der Hinterbliebenen?
   a. Ihre Heldin sei tot, während sie selbst noch lebten.
   b. Die Angriffe und Morde würden Ulrike Meinhof zu Unrecht
      zugeschrieben.
   c. Die Polizei habe kein Verständnis für sie als individuelle Menschen.
   d. Sie stifteten viel Aufruhr und Unheil.

25 Welcher Vorwurf wird der Baader-Meinhof-Gruppe gemacht?
   a. Man vermisse bei ihnen jede praktische Menschlichkeit.
   b. Die Mitglieder seien ihres streitsüchtigen Lebens doch zuletzt müde
      geworden.
   c. Sie hätten in ihrer Weltanschauung den Menschen zu hoch
      geschätzt.
   d. Sie seien ganz einfach gewöhnliche Verbrecher.

Hören und Verstehen. Test 1

Erster Teil: Sie hören nur einmal eine Frage oder eine Feststellung. Wählen Sie die Antwort, die am besten paßt.

1   a. Ja, der Lehrer hat sicher etwas Falsches gesagt.
     b. Und wir haben dann wohl etwas Falsches getan.
     c. Ja, dieser Lehrer versauert uns gern das Leben.
     d. Das Verhör ist äußerst kompliziert gewesen.

2   a. Ich kann Ihnen deutsche und ausländische Marken empfehlen.
     b. Warum schicken Sie sie dann nicht postlagernd?
     c. Mit so einer Briefmarkensammlung muß man vorsichtig umgehen.
     d. Dann müssen Sie sich am übernächsten Schalter anstellen.

3   a. Nur keine Angst – mit solchen Fällen rechnen wir.
     b. Wenden Sie sich an die Erste-Hilfe Stelle, mein Herr.
     c. Wie Sie sehen, bin ich doch nur eine Luftstewardeß.
     d. Ich will Sie nicht auch in Verlegenheit bringen.

4   a. Ich möchte eigentlich erst etwas essen und dann den Film sehen.
     b. Aber für Erstaufführungen sind die Karten immer teurer.
     c. Die Vorstellung fängt doch dafür immer zu spät an.
     d. Fahren wir doch gleich los, sonst macht das Restaurant zu.

5   a. Nein, erzähl' mal; ich bin ganz Ohr.
     b. Ja; die Spione verhafteten den Agenten des Geheimdienstes im letzten Moment, oder?
     c. Solche geheimen Dokumente sind natürlich bedeutungslos.
     d. Die Schuldigen wird der Innenminister nun wohl befördern.

6   a. Im unbemannten Satellit wird man gleich der Einsamkeit gewahr.
     b. Entschuldigung, ich bin noch nicht in die richtige Umlaufbahn gelangt.
     c. Man hat wenig Zeit zum Nachdenken, da man dauernd alles in der Rakete überprüfen muß.
     d. Der beschränkte Platz im Raumschiff hat mich empört.

Zweiter Teil: Sie hören nur einmal einen kurzen Ausschnitt aus einem Gespräch. Wählen Sie die Fortsetzung des Gesprächs, die am besten paßt.

7   a. Aber soviel hat es das letzte Mal beim Arzt nicht gekostet.
     b. Ja, aber auf Kuchen mit Schlagsahne verzichte ich sehr ungern.
     c. Danke, aber ich muß eine Stelle finden und Geld verdienen.
     d. Nächste Woche trage ich den Hosenanzug, wenn ich in die Sprechstunde gehe.

8   a. Gut, bis dann werde ich mich angesteckt haben.
     b. Dann komme ich Freitag um sechs, wenn das geht.
     c. Schon gut, und am Mittwoch rufen Sie mich an, ja?
     d. Donnerstag um neun Uhr wäre das Günstigste für mich.

9 a. Noch einmal bitte: null zwei – 68 – 75 . . . danke.
   b. Schreiben Sie sie auf, bevor Sie sie vergessen!
   c. Aber mir steht kein Telefon zur Verfügung.
   d. 02 – 86 – 75 . . . ja? Gut.

10 a. Noch ein Gläschen schadet bestimmt nicht.
   b. Sie täten besser daran, bei der Probe anwesend zu sein.
   c. Ich gehe immer abends mit meinem Hund spazieren.
   d. Schön, hier ist der Korkenzieher. Lassen Sie uns die Flasche
      austrinken.

11 a. In der Bibel steht: Die Reichen kommen nicht so leicht in den
      Himmel.
   b. Es wird wohl einige Zeit dauern, bis alles erledigt ist.
   c. Schuld daran war der Künstler bestimmt nicht.
   d. Sobald die Polizei es zu sehen bekommt, wird sie den Schuldigen
      finden.

12 a. Ja, das Bett sieht aber wirklich modern aus.
   b. Zu der Zeit erfand man das Rezept für Schnitzel.
   c. Es sind alles echte Möbel aus jener Zeit.
   d. Solche Gegenstände sind nur von primitiven Volkstämmen
      hergestellt worden.

Dritter Teil: Im folgenden werden Sie eine Reihe von Situationen lesen
und hören. Sie hören nur einmal vier mögliche Fortsetzungen. Wählen Sie
die Fortsetzung, die am besten paßt.

13 Herrn Brauns verhältnismäßig neuer Mantel wurde bei der Reinigung
   stark beschädigt; er beklagt sich bei der Geschäftsleitung:

14 Die Ergebnisse der letzten Umfragen bewiesen, daß Familien, in denen
   auch die Frau berufstätig ist, meistens nur einen Sprößling haben. Der
   Statistiker bestätigt:

15 Herr Schmidt hört im Radio, daß sich ein schwerer Unfall während der
   Hauptverkehrszeit ereignet hat. In 5 Minuten muß er denselben Weg
   fahren, wo sich der Unfall ereignet hat. Er stöhnt:

16 Frau Meyer hatte geglaubt, sie hätte ihre Hausschlüssel bei sich; bei
   ihrer Rückkehr sieht sie, daß sie noch im Schlüsselloch sind, und denkt:

17 Herr Schiller, Geschäftsleiter einer erfolgreichen Firma, fragt den
   achtzehnjährigen und, wie er hört, sehr gescheiten Sohn eines alten
   Bekannten, was er nach Schulabschluß nun machen wolle. Jener
   erwidert:

Vierter Teil: Sie hören zwei längere Ausschnitte und eine Reihe damit
verbundener Fragen. Die Ausschnitte und Fragen hören Sie zweimal.
Wählen Sie die jeweils passendste Antwort.

1 Das Wettspiel

18 Warum war dieses Fußballspiel etwas Besonderes?
 a. Es sollte Erinnerungen an die Eröffnung des Sportplatzes wachrufen.
 b. Nach langem Warten hatte die Gemeinde ein eigenes Stadion bekommen.
 c. Zwei Amateur-Mannschaften sollten die kleine Stadt besuchen.
 d. Es besteht große Rivalität zwischen den beiden Ortschaften.

19 Was kann man von den Spielern des Rot-Weiß-Klubs behaupten?
 a. Sie sind alle Stammgäste im „Gelben Ochsen".
 b. Sie treffen sich regelmäßig, um fleißig zu trainieren.
 c. Sie besprechen im voraus die Taktik des Spiels.
 d. Ihr Interesse gilt eher dem Bier als dem Fußballspiel.

20 Was kann man am Namen der beiden Vereine bemerken?
 a. Es handelt sich bei beiden um Säugetiere.
 b. Im Abzeichen der beiden Mannschaften ist ein Zugtier abgebildet.
 c. Es handelt sich jeweils um Weiß mit zwei anderen Farben.
 d. Sie zeigen jeweils eine gewisse Verbindung zwischen Mannschaft und Stammkneipe.

21 Was tat der Wirt des „Gelben Ochsen"?
 a. Er hat den Stammgästen seine Pläne verraten.
 b. Er machte seinen Gegnern ein großzügiges Angebot.
 c. Er wollte der Freigebigkeit seines Kollegen gleichkommen.
 d. Er wurde Mitglied des Rot-Weiß-Klubs, um hinter ihre Geheimnisse zu kommen.

22 Wer waren die sogenannten Abgesandten?
 a. Zwei Jungen, die als Kundschafter ausgeschickt worden waren.
 b. Die Spieler, die der Schiedsrichter vom Feld verwiesen hatte.
 c. Die Läufer der beiden Mannschaften.
 d. Die Söhne, die ihr Stammlokal vertraten.

23 Wie endet die Anekdote?
 a. Beide Wirte müßten fast 40 Glas Bier ausgeben.
 b. Jede Mannschaft versuchte, den Ball möglichst oft ins eigene Tor zu bekommen.
 c. Die beiden Wirte können wohl noch Schlimmeres erwarten.
 d. Die Wirte dürften mit den Folgen ihrer Angebote höchst zufrieden sein.

2 Eine Schule, die noch Abenteuer bietet

24 Welche Betätigungen werden an dieser Schule in erster Linie unternommen?
 a. Es wird andauernd Sport getrieben.
 b. Sportliche Interessen, besonders Skilaufen, werden gepflegt.
 c. Man organisiert Tätigkeiten, die das Verantwortungsgefühl vertiefen.
 d. Hier werden intensive Sprachkurse betrieben.

25 Was wird ihnen hier beigebracht?
   a. Fremdsprachen zu bewältigen.
   b. Dem Mitmenschen beizustehen.
   c. Aneinander immer Kritik zu üben.
   d. Einander als Menschen zu verachten.

26 Was erfährt der Hörer über diese Kurse?
   a. Sie sind nur für Jungen geeignet.
   b. Sie sind besonders für Nicht-Europäer gedacht.
   c. Es sind alle kurzfristige Kurse.
   d. Sie bergen ernste Gefahren in sich.

27 Junge Leute kommen . . .
   a. weil sie ihre gesellschaftliche Herkunft vergessen wollen.
   b. um zu lernen, wie man richtig murrt.
   c. weil sie religiöse oder politische Gründe dafür haben.
   d. aus allen gesellschaftlichen Gruppen hierher.

28 Die beteiligten Jugendlichen . . .
   a. müssen auch manchmal bei echten Unfällen mithelfen.
   b. müssen darauf achten, daß der Einsatz der Bergwacht befriedigend
      ist.
   c. lernen, wie man am besten seine Tugenden zur Schau stellt.
   d. gehören dem Deutschen Roten Kreuz an.

29 Welche Charaktereigenschaft oder –eigenschaften werden hier
   gefördert?
   a. Eifersucht und Mut.
   b. Ein unausstehliches Selbstbewußtsein.
   c. Neid und Selbstlosigkeit.
   d. Praktische Vernünftigkeit.

30 Warum treten Fabrikarbeiter diesen Kursen bei?
   a. Weil sie die Lehre abschließen wollen.
   b. Weil der Einfluß der Kurse für so erfreulich gehalten wird.
   c. Weil die Unternehmer tüchtige Arbeiter belohnen wollen.
   d. Weil sie auf Bergwanderungen verzichten.

Hören und Verstehen. Test 2

Erster Teil: Sie hören nur einmal eine Frage oder Feststellung. Wählen Sie die Antwort, die am besten paßt.

1 a. Was hätten Sie heute abend sonst noch zu empfehlen?
   b. Möchten Sie zum Abschluß noch einen Kognak?
   c. Ja, etwas Geröstetes wäre uns recht angenehm.
   d. Bringen Sie uns allen ein Schnitzel.

2 a. 75 Mark ist mir leider zu kostspielig.
   b. Im Herbst finde ich die Qualität weniger befriedigend.
   c. Für meinen Geschmack ist dieser Wein zu sauer.
   d. Ja, die süßen Weine von hier sind köstlich.

3 a. Das fragen Sie einen Bankangestellten?
   b. Gern geschehen, da bräuchten Sie nur hier noch zu unterschreiben.
   c. Natürlich, mein Herr, wenn Sie einen Führerschein haben.
   d. Ja, dann hätten Sie bereits 2.000 Mark auf dem Konto.

4 a. Die Beziehungen zwischen Paris und Bonn sind zur Zeit sehr gespannt.
   b. Ihre Zusage bleibt vorerst völlig unverbindlich.
   c. Ja, ich rufe Sie gleich wieder zurück.
   d. Nichts leichter: Die Pariser sind ja sehr hilfsbereit.

5 a. Vielleicht, aber sie sehen hier nicht so appetitlich aus.
   b. Ja, dessen Würste sind ein besonders guter Kauf.
   c. Ja, seine Braten sind nicht so preiswert.
   d. Aber er bietet sie nicht so oft an.

6 a. Ach Oma, die Welt hat sich doch sehr verändert.
   b. Aber das Angebot war schon angemessen.
   c. Solch kindisches Benehmen halte ich auch für ganz unangebracht.
   d. Solches Benehmen habe ich noch nie erlebt.

Zweiter Teil: Sie hören nur einmal einen kurzen Ausschnitt aus einem Gespräch. Wählen Sie die Fortsetzung des Gesprächs, die am besten paßt.

7 a. Bad Ems fanden wir besonders reizend.
   b. Schade, daß unser Sohn Angst vor Kühen hat.
   c. Wirklich? Da war ich noch nie.
   d. Diese ostdeutschen Sehenswürdigkeiten sind meistens gut erhalten.

8 a. Wieviele Quadratmeter haben sie denn?
   b. Aber meine Verhältnisse verbessern sich gar nicht.
   c. Ja, ich würde gern außerhalb der Stadt wohnen.
   d. Ausgezeichnet, ich wohne nicht gern höher als im zweiten Stock.

9 a. Gut, als werdende Mutter sollte ich mich nicht zu viel bewegen.
   b. Du, zu Pfingsten bin ich dann zum erstenmal Tante.
   c. Da das Kleid fehlerhaft war, müssen sie es ersetzen.
   d. Unter den Umständen nehmen wir lieber die Treppe.

35

10 a. Guck mal, der Reis ist noch ganz warm.
   b. Das hätte ich dir aber nicht zugetraut.
   c. Gestern abend war es ja fürchterlich kalt.
   d. Vorläufig könnten wir alles im Keller aufbewahren.

11 a. Nein, Sie brauchen nicht aufzupassen.
   b. Man wird schon ohne so 'was vorzüglich untergebracht.
   c. Nicht wenn man bloß auf der Durchreise ist.
   d. Die braucht man nur, wenn man eine Wohnung vermieten will.

Dritter Teil: Im folgenden werden Sie eine Reihe von Situationen lesen und hören. Sie hören nur einmal vier mögliche Fortsetzungen. Wählen Sie die Fortsetzung, die am besten paßt.

12 Peter sollte seine Verlobte um halb sieben am Kino treffen. Als sie erst eine halbe Stunde später auftaucht, ruft er aus:

13 Der beliebte alte Kunstlehrer will sich fünf Jahre vorzeitig pensionieren lassen. Er erklärt einer seiner enttäuschten Klassen:

14 Bei schwülem Wetter bittet die neunjährige Inge ihre Mutter um ein Eis. Sie erwidert jedoch:

15 Karl sucht seine alten Gummistiefel im Schrank. Es gelingt ihm nicht einmal, einen davon ans Licht zu bringen. Er murrt:

16 In der Mittagspause in der Fabrik versuchen zwei Bekannte, das Kreuzworträtsel in der Tageszeitung zu lösen. Es fällt ihnen aber schwer, überhaupt einen Anfang zu bekommen. Der eine sagt:

Vierter Teil: Sie hören zwei längere Ausschnitte und eine Reihe damit verbundener Fragen. Die Ausschnitte und Fragen hören Sie zweimal. Wählen Sie die jeweils passendste Antwort.

1 Was am Muttertag geschah

17 Was kann man von diesem Ausflug sagen?
   a. Daß er besonders schön ist, wenn der Muttertag auf den Sonntag fällt.
   b. Daß er bei dieser Familie zu einer Gewohnheit geworden ist.
   c. Daß er immer erst beginnen kann, nachdem man vollgetankt hat.
   d. Daß sich der Erzähler freut, einmal einen Familienausflug zu machen.

18 Warum sollte der Muttertag eine besonders schöne Einrichtung sein?
   a. Weil er auf einen sonnigen Sonntag fällt.
   b. Weil er ein vortrefflicher Vorwand ist, einmal die Mütter loszuwerden.
   c. Weil man zur Abwechslung die Kinder nicht bei sich hat.
   d. Weil die Frauen ein bißchen Erholung bekommen sollten.

19 Welchen Grund hat die Frau des Tankstellenbesitzers, guter Laune zu sein?
   a. Es kommen wegen des Feiertags viele Kunden.
   b. Heute haben sie Betriebsferien.
   c. Ihre Kinder sind heute unterwegs.
   d. Sie braucht kaum zu arbeiten, da ihr Mann immer zur Stelle ist.

20 Warum braucht die Familie der Verkäuferin einen Ruhetag?
   a. Weil sie zusammengebrochen sind.
   b. Weil man wegen des Urlaubs im Kiosk weniger zu tun hat.
   c. Weil die Familie sonst keine Erholung braucht.
   d. Weil sie sonst auch immer mit der Frau zusammenarbeiten.

21 Warum hat die Familie Geschenke von ihr gekriegt?
   a. Weil der arme Mann Kopfweh hatte.
   b. Sie sah ein, daß die Mütter noch keine Freude am Muttertag hatten.
   c. Die Frau wollte ihnen den Muttertag noch schöner machen.
   d. Weil die Familie das Mitleid der Frau erregt hatte.

22 Wie verhält sich der Nachbar am Muttertag?
   a. Obgleich das Fest ihm gefällt, möchte er lieber mal zu zweit essen.
   b. Er findet, seine Frau hat doch zuviel zu tun gehabt.
   c. Er ist sich kaum darüber bewußt, wieviel seine Frau hat arbeiten müssen.
   d. Er bleibt draußen, weil seine Frau möchte, daß er abwäscht.

23 Was hat die Nachbarsfrau zum Muttertag geleistet?
   a. Sie hat ein vortreffliches Festessen für die näheren Verwandten vorbereitet.
   b. Sie hat an diesem besonderen Tag nur eine Mahlzeit gemacht.
   c. Den ganzen Feiertag lang hat sie Kuchen gebacken.
   d. Sie hat ihre Familie völlig überrascht.

2 Heiratsmarkt auf dem Bildschirm

24 Was erfährt man zuerst über diese neue Fernsehsendung der Nordkette?
   a. Sie konnte bloß einmal ausgestrahlt werden.
   b. Sie ließ junge Ehepaare näher miteinander bekannt werden.
   c. Sie wurde zum erstenmal zu Silvester ausgestrahlt.
   d. Sie wurde von einem Heiratsinstitut angeregt.

25 Was hört man über die Form des Programms?
   a. Es gestaltet sich aus drei viertelstündigen Gesprächen.
   b. Es ist ein Gespräch mit drei Teilnehmern und dem Ansager.
   c. Es läßt den Teilnehmern geraume Zeit, sich vorzustellen.
   d. Es bietet wöchentlich geschiedenen Menschen die Gelegenheit, einen Partner zu finden.

26 Was passiert, wenn einem ein Kandidat sympathisch vorkommt?
   a. Sicherlich bewirbt man sich um den Kandidaten.
   b. Dieser wird einem nachgeschickt.
   c. Man kann über die Fernsehanstalt mit dem Kandidaten in Kontakt treten.
   d. Die drei Kandidaten fangen mit einem einen Briefwechsel an.

27 Was sind die Resultate nach jeder Sendung?
   a. Es kommen mindestens 50 Briefe von Leuten, die mitmachen wollen.
   b. Es werden über 50 Briefe für jeden Teilnehmer eingeschickt.
   c. Der Ansager erhält 50 Heiratsanzeigen.
   d. Der Ansager erhält 50 Heiratsanträge.

28 Was hat sich leider einmal herausgestellt?
   a. Ein Kandidat ist durchgefallen.
   b. Ein Kandidat hat eine Maske getragen.
   c. Ein Kandidat war schon verheirtet.
   d. Ein Kandidat wollte die Veranstalter betrügen.

29 Wie stellt man sich die mögliche Neugestaltung des Programms vor?
   a. Neue Formen sind außerhalb des Fernsehstudios entwickelt worden.
   b. Die Kandidaten könnten günstiger vorgestellt werden.
   c. Etwas Neues wird ab und zu ausprobiert.
   d. Neue Ideen werden ständig vorgeschlagen, weil das Programm so beliebt ist.

30 Wie wäre es, wenn man die Teilnehmer zu Hause filmen würde?
   a. Dies wäre besser als die Fotos, die jetzt in den Briefen mitgeschickt werden.
   b. Dann könnten Leute mit jungen Familien auch am Programm teilnehmen.
   c. Leider hat sich dies bisher als technisch unmöglich erwiesen.
   d. Man würde dann mehr über die Beteiligten erfahren.

Hören und Verstehen. Test 3

Erster Teil: Sie hören nur einmal eine Frage oder Feststellung. Wählen Sie die Antwort, die am besten paßt.

1 a. Prima! Hätte ich nur immer einen Chefkoch dabei!
   b. Ich hoffe, daß es die Schmerzen einigermaßen lindert.
   c. Vorschriften halte ich doch nie ein.
   d. Eine Quittung ist in diesem Fall nicht nötig.

2 a. Natürlich, führen Sie Ihre Familie ruhig selbst.
   b. Selbstverständlich sind die Eintrittspreise angemessen.
   c. Die Miete ist aber hier sehr hoch.
   d. Hat die Dame den Ausweis dabei?

3 a. Feigen sind meine Lieblingsspeise, und Früchte halten mich fit.
   b. Friedlichkeit ist doch nicht Feigheit!
   c. Als Bauarbeiter muß man sich doch in acht nehmen.
   d. Die ständige Schmeichelei ist mir zuwider.

4 a. Nein, ich will nur geschäftlich herumreisen.
   b. Ja, es ist höchste Zeit, daß ich mich entspanne.
   c. Ich möchte bloß einige persönliche Kontakte wieder aufnehmen.
   d. Ich werde mich zum Teil bei Verwandten aufhalten.

5 a. Dem Herrn Walz ist, glaube ich, plötzlich schlecht geworden.
   b. Man wird schon irgendeinen ausgefallenen Grund angeben.
   c. Es fällt dem Herrn Studienrat nie etwas ein.
   d. Offenbar weil dies ein Feiertag ist.

6 a. Du bist doch so empfindsam!
   b. Man muß zart sein, wenn man seine Liebe beweisen will.
   c. Mensch, warum bist du denn so empfindlich?
   d. Hast du denn schon wieder Halsschmerzen?

Zweiter Teil: Sie hören nur einmal einen kurzen Ausschnitt aus einem Gespräch. Wählen Sie die Fortsetzung des Gesprächs, die am besten paßt.

7 a. Den Brief schicke ich nach England; das wäre alles, danke.
   b. Es tut mir leid, aber soviel Kleingeld habe ich nicht bei mir.
   c. Ich schaue mir mal eben die Sonderangebote an.
   d. Danke nein, die letzten Sondermarken haben mich sehr enttäuscht.

8 a. Nur die Instrumente sind wirklich einmalig.
   b. Da die Ausstellung so kostbar ist, dürfen Touristen nicht hinein.
   c. Im großen und ganzen ja, nur der Flügel ist später hinzugekommen.
   d. Auf einmal kommt mir alles so schön vor.

9 a. Also um halb acht, ja?
   b. Also um halb zehn bin ich in Malente.
   c. Der fährt also um halb neun in Plön ab.
   d. Dann bin ich also um halb acht in Plön?

10 a. Ja, Sie sollten das nächste Mal hinten bleiben.
   b. Am besten schalten Sie das nächste Mal völlig ab.
   c. Der ADAC Rettungsdienst ist besonders zu empfehlen.
   d. Das würde ich an Ihrer Stelle auch tun.

11 a. Ja, kaum hundert Jahre stand er vollendet da.
   b. Ja, über dreihundert Jahre ist er völlig erhalten geblieben.
   c. Glücklicherweise sah man den Teil nie, der zerstört wurde.
   d. Seit hundert Jahren bemühen wir uns, die Ruine wieder aufzubauen.

Dritter Teil: Im folgenden werden Sie eine Reihe von Situationen lesen und hören. Sie hören nur einmal vier mögliche Fortsetzungen. Wählen Sie die Fortsetzung, die am besten paßt.

12 Frau Braun, die in letzter Zeit recht dick geworden war, bat ihren Arzt um Rat, weil sie eine Blitzschlankheitskur machen wollte. Er riet ihr:

13 Die Schule hat ab zehn Uhr hitzefrei, da aber die Zugführer gerade streiken, müssen viele Kinder den Bus nehmen, und dieser fährt erst um eins. Ein Junge sagt empört:

14 Das Ergebnis einer Umfrage hat nur erneut bestätigt, daß in der Bundesrepublik die Mehrzahl der Bürger am liebsten in Wohnungen oder Wohnblöcken lebt. Ein Fachmann kommentiert darüber:

15 Herr Bauer war allein im Hause, als das Telefon klingelte. Er sprang aus der Badewanne und ging im Badetuch an den Apparat. Er nahm den Hörer ab und hörte, ehe er ein einziges Wort sprechen konnte:

16 Es bereitete Herrn Scharf großen Kummer, daß die Ehe seiner ältesten Tochter gescheitert ist. Wie er zu seinem Nachbarn sagt:

Vierter Teil: Sie hören zwei längere Ausschnitte und eine Reihe damit verbundener Fragen. Die Ausschnitte und Fragen hören Sie zweimal. Wählen Sie die jeweils passendste Antwort.

1   Im Schweiße deines Angesichts

17 Was machte der Hausierer?
   a. Er versuchte scheinbar bei jedem Hausbewohner etwas zu verkaufen.
   b. Er versuchte an manchen Wohnungen Waren abzuladen.
   c. Er bot lauter Putzlappen zum Kaufe an.
   d. Er hat versucht, die Hausfrauen zu verführen.

18 Welche von den folgenden Behauptungen ist wahr?
   a. Die Leute waren alle aufgeschlossen.
   b. Meistens reagierte man mit Ungeduld.
   c. Man behandelte den Hausierer rücksichtsvoll.
   d. Er bot nie brauchbare Waren an.

19 Was trägt sich jedesmal zu, wenn er klingelt?
   a. Der Hausierer ist darauf erpicht, in die Wohnung einzudringen.
   b. Er entkommt dem Kunden, ohne daß dieser etwas kaufen kann.
   c. Er reagiert immer unfreundlich.
   d. Er scheint kein großes Entgegenkommen zu erwarten.

20 Warum wollte der Erzähler ihm Geld geben?
   a. Weil der Mann anscheinend nicht arbeitsfähig war.
   b. Weil der Hausierer ihn überwältigte.
   c. Da er etwas herausfinden wollte.
   d. Weil er Mitleid mit ihm empfand.

21 Warum bat der Erzähler um eine Rasierklinge?
   a. Um den Hausierer zu verblüffen.
   b. Da er sich plötzlich unternehmungslustig fühlte.
   c. Weil er ihm Geld schenken wollte.
   d. Da er den Hausierer verwirren wollte.

22 Weshalb war der Koffer leer?
   a. Er hatte schon alles verkauft.
   b. Die Sachen darin waren zu schwer.
   c. Es war ihm lästig geworden, alles mit sich herumzuschleppen.
   d. Er litt an einer Nervenkrankheit.

23 Was erfährt der Hörer schließlich?
   a. Der Hausierer ist anscheinend ein stolzer Mensch.
   b. Der Erzähler kann ihn einfach nicht dulden.
   c. In der Tat klingelt der Hausierer nicht an jeder Tür.
   d. Es stellt sich heraus, daß der Hausierer jähzornig ist.

2 Eine kleine UNO

24 Woran haben sich die Nachbarn dieser Familie gewöhnt?
   a. Die Familie hat ihre Kinder aus dem Ausland adoptiert.
   b. Die Geschwister gleichen einander kaum.
   c. Die Klunkers haben zwei farbige Adoptivkinder.
   d. Touristen kommen im Sommer, um die Familie anzustarren.

25 Was kann man in Hinsicht auf die Touristen in Schondorf behaupten?
   a. Die Schondorfer haben sich nie an sie gewöhnt.
   b. Sie sind die Einzigen, die diese Familie als Seltenheit ansehen.
   c. Es kommen viele schwarze Touristen hierher.
   d. Sie finden ungewöhnliche Sehenswürdigkeiten im Dorf.

26 Wie beschreiben die Klunkers ihren Entschluß, Kinder zu adoptieren?
   a. Es war eine ernste Sache, die vorher lange besprochen worden ist.
   b. Anfangs haben sie Kinder adoptieren wollen, dann aber gezögert.
   c. Als eine Entscheidung, die sie sich länger überlegen möchten.
   d. Als Möglichkeit, die Familie zu gründen, die die Klunkers unbedingt
      brauchten.

27 Wie betrachtet Frau Klunker die Beziehung zwischen Mutter und Kind?
    a. Als eine zarte Beziehung, die leicht zerstört werden könne.
    b. Als eine Empfindung, die man nicht bloß dem eigenen Kind gegenüber spüre.
    c. Als etwas, für das man bei Waisen und Adoptivkindern einen Ersatz finden müsse.
    d. Als ein selbstsüchtiges Bedürfnis der Frau, das jedes Kind befriedigen könne.

28 Was wird hier über das Kind namens Shandor berichtet?
    a. Er ist heimatsloser Waise.
    b. Er wohnte früher bei einer afrikanischen Familie.
    c. Wegen seiner Krankheit brauchte er besondere Fürsorge.
    d. Der Vater ist bekannt; er hat seinen Sohn adoptieren lassen.

29 Welchem Grundprinzip folgen diese Eltern bei der Erziehung ihrer Kinder?
    a. Daß sie den Kindern beibringen müssen, immer die Wahrheit zu sagen.
    b. Daß die Kinder die Familie beherrschen müssen.
    c. Daß Kinder nicht immer verwöhnt werden dürfen.
    d. Daß die Bedürfnisse der Kinder immer an erster Stelle kommen müssen.

30 Was erhofft der Vater für die Zukunft seiner Kinder?
    a. Erstrangige Berufe sollten sie lieber vermeiden.
    b. Sie sollen vor allem die Fähigkeit entwickeln, das Leben zu genießen.
    c. Sie sollen einmal zufriedene und tüchtige Arbeiter sein.
    d. Er will, daß sie immer in der Nähe der Eltern bleiben.

Hören und Verstehen. Test 4

Erster Teil: Sie hören nur einmal eine Frage oder eine Feststellung. Wählen Sie die Antwort, die am besten paßt.

1   a. Dann gehen Sie am besten geschwind zum Auskunftsbüro.
     b. Ja sofort – nehmen Sie die Packung zu drei Mark oder zu 5.80 DM?
     c. Dies hier kann für eine ausgezeichnete Stimmung sorgen.
     d. Diese Gepäckstücke sind sehr praktisch.

2   a. Ja, ich hab' einen abgehärteten Körper, nicht wahr?
     b. In der Klasse sollte man sich aber nicht die ganze Zeit umdrehen.
     c. Wollen Sie, daß ich die Frage aus dem Stegreif beantworte?
     d. Mit Hartnäckigkeit hat's nichts zu tun, ich habe einfach Angst.

3   a. Ja, Unterkunft und Verpflegung bekommt man dort immer.
     b. Ja, die Patienten hier haben alle sehr gepflogene Manieren.
     c. Ja, das Pflegepersonal ist gut ausgebildet.
     d. Sicher, die Krankenschwestern pflegen die Stationen öfters zu besuchen.

4   a. Ich bin dafür, denn ich verabscheue es, begabte Kinder als Sonderfälle zu betrachten.
     b. Als elfjähriges Mädchen weiß ich über so etwas nicht Bescheid.
     c. Hätte diese Möglichkeit bestanden, so hätte ich sie für unerhört gehalten.
     d. Ich würde mich sehr dagegen wehren, auch nachmittags zur Schule gehen zu müssen.

5   a. Vielleicht den Keller in zwei Räume aufteilen.
     b. Sehr viel, wir werden ja in kurzer Zeit wieder umziehen.
     c. Na, da wir kinderlos sind, wird ein Anbau höchst notwendig sein.
     d. Das Wohnzimmer beabsichtigen wir völlig neu zu möblieren.

6   a. Werden deine Freunde nicht beleidigt sein, wenn die Sache verheimlicht wird?
     b. Dann dürfte ihre Trauung wohl nur im Standesamt stattfinden.
     c. Und wann hört dein Schwiegervater endlich auf, ewiger Junggeselle zu sein?
     d. Aller guten Dinge sind drei: gibt es nicht noch einen Heiratskandidaten in eurer Familie?

Zweiter Teil: Sie hören nur einmal einen kurzen Ausschnitt aus einem Gespräch. Wählen Sie die Fortsetzung des Gesprächs, die am besten paßt.

7   a. Ja, ich habe auch für die falsche Partei gewählt.
     b. Für die Männer war die Auswahl nicht sehr gut.
     c. Dabei sind doch viele Frauen leichtfertig.
     d. Frauen sind in der Politik zu zurückhaltend.

8 a. Ich nehme das zweite; wenn ich im Urlaub bin, besuche ich gern den Zoo.
   b. Für 80 Mark bekomme ich also ein Zweibettzimmer, oder?
   c. Ein Fernsehapparat zu 80 Mark ist doch spottbillig.
   d. Ich bleibe beim ersten, denn ich muß um acht Uhr morgens schon im Zentrum sein.

9 a. Du hast aber gar nicht aufgepaßt.
   b. Ob es mir dann aber nicht zu kalt wäre?
   c. Ja richtig, ich ziehe die rote der grünen vor.
   d. Das kannst nur du entscheiden.

10 a. Hoffentlich erholt er sich diesmal schneller.
   b. Ich wäre lieber taubstumm als blind, du nicht auch?
   c. Seine Begeisterung dafür ist beinahe krankhaft.
   d. Ja, Röteln sind wirklich unangenehm.

11 a. Ja, aber die Richtung wäre völlig verkehrt.
   b. Ja, aber das dauert natürlich viel länger.
   c. Freilich, dann hätten Sie aber mehr zu zahlen.
   d. Nein, der D-Zug um acht Uhr freitags wäre bestimmt besser.

12 a. Nun, dann hätten Sie als Nebenfächer Pädagogik, Psychologie und Latein.
   b. Aber ich dachte, Sie wollten vielleicht einmal Lehrer werden.
   c. Dafür brauchen Sie vielleicht gar kein Nebenfach.
   d. Dann müssen Sie unbedingt Auslandserfahrung bekommen.

Dritter Teil: Im folgenden werden Sie eine Reihe von Situationen lesen und hören. Sie hören nur einmal vier mögliche Fortsetzungen. Wählen Sie die Fortsetzung, die am besten paßt.

13 Ein unerfahrener Chemielehrer hatte die Klasse einige Zeit allein gelassen. In seiner Abwesenheit ist ein Unfall passiert. Er entschuldigte sich hinterher mit folgenden Worten beim Direktor:

14 Ein Flugzeug wartet auf der Rollbahn, bis der Pilot Starterlaubnis bekommt. Plötzlich hört er im Funkapparat vom Kontrollturm:

15 Da der Bus während eines plötzlichen Wolkenbruchs geschleudert hat und gegen eine Straßenlaterne gefahren ist, müssen die Fahrgäste auf einen Ersatzwagen warten. Einer von ihnen unterhält sich mit einem Fußgänger, der stehengeblieben ist, und sagt:

16 Ein zukünftiges Ehepaar ist gerade dabei, kurz vor der Hochzeit seine Wohnung anzustreichen und zu tapezieren. Der junge Dieter sagt seiner Braut:

17 Der Mechaniker informiert Herrn Gruber, daß er 80 Mark Reparaturkosten zu bezahlen habe. Vorher hatte er die Arbeit auf nur 55 Mark geschätzt. Herr Gruber schimpft:

18 Der Bauunternehmer ist wütend, da am vorigen Samstag einige
Lehrlinge die Baustelle eine Viertelstunde zu früh verließen, um noch
Karten fürs kommende Pokalspiel bekommen zu können; er sagt dem
Vorarbeiter:

Vierter Teil: Sie hören zwei längere Ausschnitte und eine Reihe damit
verbundener Fragen. Die Ausschnitte und Fragen hören Sie zweimal.
Wählen Sie die jeweils passendste Antwort.

1 Anonyme Anrufer

19 Welcher Umstand hat diese Frauen beunruhigt?
   a. Die Polizei hatte alle Telefongespräche abgehört.
   b. Viele von ihnen sind von Ausländern belästigt worden.
   c. Die Ergebnisse der Umfrage erschienen zu spät.
   d. Die Meinungsumfrage hat sich als Betrug herausgestellt.

20 Welchen Vorwand benützt der Anrufer bei Frau Müller?
   a. Er sagt, sie habe wohl schon ähnliche Anrufe gehabt.
   b. Man brauche ihre Antworten, um statistisches Material
      zusammenzusammmeln.
   c. Er sagt, er habe angerufen, um ihr seine Dankbarkeit auszudrücken.
   d. Sein Institut habe sie und ihren Gatten früher mal unterstützt.

21 Wie gewinnt der Anrufer ihr Vertrauen?
   a. Er redet nur über Sachen, mit denen er vertraut ist.
   b. Er bittet sie, ihre Meinung direkt auszudrücken.
   c. Seine Stimme klingt ehrlich, und die ersten Fragen sind anscheinend
      harmlos.
   d. Er stellt nur entscheidende Fragen.

22 Warum könnte der Beruf von Herrn Müller von Bedeutung sein?
   a. Weil er deswegen seine Frau und sein Kind verlassen hat.
   b. Da er Vertreter ist, gehen sie oft abends auf Gesellschaften.
   c. Weil er als Reiseleiter für eine Reisegesellschaft arbeitet.
   d. Weil seine Arbeit ihn von zu Hause fernhält.

23 Welche Rolle könnte hier ein Haustier spielen?
   a. Auch ein kleiner Hund kann jedem Einbrecher zum Hindernis
      werden.
   b. Wellensittiche warnen häufig vor Gefahren.
   c. Frau Müller muß regelmäßig mit ihrem Haustier spazierengehen.
   d. Kaninchenfelle könnten zu einem Pelzmantel verarbeitet werden.

24 Welche weitere Information könnte einem Verbrecher von Nutzen
sein?
   a. Frau Müller wäre bereit, wieder einmal interviewt zu werden.
   b. Müllers bezahlen regelmäßig ihre Versicherungsprämien.
   c. Das Haus steht voraussichtlich jeden Sommer eine Zeitlang leer.
   d. Die Müllers ziehen das Fernsehen dem Radio vor.

2 Die Engel des Wilden Westens

25 Welchen Lauf hat die Geschichte des Westens genommen?
    a. Dieses Gebiet ist landschaftlich imponierend.
    b. Das dortige Leben mußte sehr einfach bleiben.
    c. Der frühere ,,Wilde Westen'' hat sich beträchtlich entwickelt.
    d. Aus allen Leuten dort sind ehrliche Bürger geworden.

26 Was waren die Charaktereigenschaften dieser Frauen?
    a. Sie haben kräftige Mischungen bereiten können.
    b. Sie hatten immer auf Schönheit gehofft.
    c. Sie zeigten Stärke und dazu noch weibliche Reize.
    d. Sie haben stets abseits gestanden.

27 Nennen Sie eins der größten Probleme damals!
    a. Die Männer konnten ihre Frauen nicht entbehren.
    b. Zuerst mußte Land erworben werden.
    c. Das ganze Land war schon uralt.
    d. Sie wollten lernen, die Indianer zu begreifen.

28 Warum hatten sie dort Schwierigkeiten mit anderen Menschen?
    a. Weil die Siedler das neue Land angriffen.
    b. Weil viele Indianer wanderlustig geworden waren.
    c. Weil die Spekulanten ihr ganzes Vermögen verloren hatten.
    d. Weil sie sich durch verschiedene Gruppen gefährdet fühlten.

29 Was wird nun über die Damenkleidung ausgesagt?
    a. Schicke Hosen waren in einer solchen Lage nötig.
    b. Die Frauen haben manchmal im Unterrock mitkämpfen müssen.
    c. Sie haben sich ausschließlich handgenähte Sachen verschafft.
    d. Die Frauen verloren auch in der Not ihren Schick nicht.

30 Welche weiblichen Talente werden schließlich gelobt?
    a. Schlimme Zeiten für lächerlich zu halten.
    b. Immer Tapferkeit und Standfestigkeit zu zeigen.
    c. Verständnis für die Feindseligkeiten der Gegner zu haben.
    d. Die äußeren Reize fürs Allerwichtigste zu halten.

Hören und Verstehen. Test 5

Erster Teil: Sie hören nur einmal eine Frage oder eine Feststellung. Wählen Sie die Antwort, die am besten paßt.

1 a. Ja, aber solch schwierige Zeiten muß man einfach über sich ergehen lassen.
   b. Ja, am Steuer muß man bequem sitzen können.
   c. Eben, das erleichtert einem das Rudern ganz und gar nicht.
   d. Das könnte bei einem Unfall sehr nützlich sein.

2 a. Hier ist eine gebrauchte Theaterkarte, die mir vielleicht hilft.
   b. Ich verabscheue doch alle Gewalttätigkeiten.
   c. Ich bin doch in vielen Bereichen tätig.
   d. Dieser Übung wohnte ich natürlich nicht bei.

3 a. Ich möchte doch endlich Werbefachmann werden.
   b. Man muß in dieser Welt bescheiden sein.
   c. Irgendwie muß ich halt Erfahrung sammeln.
   d. Wie du siehst, bin ich gar nicht ehrgeizig.

4 a Ich weiß, Sie sind hier der leitende Angestellte; aber deshalb sind Sie nicht unantastbar.
   b. Ist es nicht normal, daß sich ein Vater für die Angelegenheiten seines Sohns interessiert?
   c. Natürlich haben Sie als Ehepartner gesetzliche Rechte.
   d. Ich will aber nicht nur ein berufliches Verhältnis zu meinen Untergeordneten haben.

5 a Man hat wenig Gelegenheit, selbst berechtigte Kritik geltend zu machen.
   b. Es liegt mir nichts daran, da mein Einkommen sowieso niedrig ist.
   c. Wir Einzelhändler stoßen jetzt auf soviel Widerstand bei der Kundschaft.
   d. Es ist doch nun mal so, daß unsere Gesellschaft immer gerechter wird.

Zweiter Teil: Sie hören nur einmal einen kurzen Ausschnitt aus einem Gespräch. Wählen Sie die Fortsetzung des Gesprächs, die am besten paßt.

6 a. Steigen Sie nur ein, ich muß auch dahin.
   b. Also steht's dem Kaufhaus gegenüber.
   c. Von hier aus ist es also auf der belebteren Seite der Straße.
   d. Leider gehe ich in die andere Richtung.

7 a. Kinder ahmen ja einfach alles nach, nicht?
   b. Euer Aufenthalt in Südeuropa wird ihn in seinem Alter sehr verwirrt haben.
   c. Solche kindlichen Ausdrücke können doch recht schöpferisch wirken.
   d. Vorm Stimmbruch haben Jungen wirklich eine entzückende Stimme.

8 a. Aber die Geiseln bekommen allzu oft ihren Willen.
   b. Furchtbar, wie der planmäßige Abflug ständig verschoben wird.
   c. Ja, Brutalität von seiten der Regierung muß ernst genommen werden.
   d. Ja, die Terroristen hätten die Drohungen wohl doch nicht verwirklicht.

9 a. Ja, das Wetter war ausnahmsweise kalt und regnerisch.
   b. Natürlich, man arbeitet ja das ganze Jahr über schon genug.
   c. Eben, der faule Geruch überall in den Gassen war abscheulich.
   d. Sittlichkeit ist doch Sache des Einzelnen.

10 a. Ich wußte nicht, daß sie so eine spitze Zunge hat.
   b. An jenem Abend hatte ich nur Augen für meine Partnerin.
   c. Rollmöpse esse ich auch gern, wie alles Süße.
   d. Ein Kleid aus Spitze war wohl zu fein für einen Maskenball.

11 a. Die neuen Gesetze zum Denkmalschutz werden solche Änderungen in Zukunft verhindern.
   b. Doch. Die Menschheit scheint sich selbst zugrunde zu richten.
   c. Solche plötzlichen Wutanfälle schaden der Gesundheit.
   d. Ja, man muß zumindest regelmäßig lüften.

Dritter Teil: Im folgenden werden Sie eine Reihe von Situationen lesen und hören. Sie hören nur einmal vier mögliche Fortsetzungen. Wählen Sie die Fortsetzung, die am besten paßt.

12 Der junge Elektrotechniker muß seinen Motorroller zum zweitenmal innerhalb von sechs Wochen reparieren lassen; er unterhält sich mit dem Mechaniker in der Werkstatt und sagt:

13 Ein Werbefachmann, der von einer Sozialdemokratischen Partei der politischen Mitte angestellt worden ist, hat sich folgenden Wahlslogan ausgedacht:

14 Bei der Hauptprobe eines klassischen Trauerspiels im Stadttheater redet der Regisseur in einer Pause mit einigen Darstellern über ein paar schwache Stellen, die noch im letzten Augenblick verbessert werden müssen:

15 Der Herausgeber einer Wochenzeitschrift für Antiquitätensammler bespricht Artikel für die kommende Ausgabe mit seinem Team von Berichterstattern und Journalisten; er meint:

16 Im Schloß Grünberg wurde im achtzehnten Jahrhundert ein ganzer Flügel im Barock-Stil hinzugefügt. Der Fremdenführer erklärt den Touristen darüber beim Rundgang:

Vierter Teil: Sie hören zwei längere Ausschnitte und eine Reihe damit verbundener Fragen. Die Ausschnitte und Fragen hören Sie zweimal. Wählen Sie die jeweils passendste Antwort.

1 Polizisten

17 Was denkt man, wenn man einen Streifenwagen hinter sich sieht?
a. Man glaubt, man hätte etwas Gesetzwidriges gemacht.
b. Man denkt immer, nichts Böses sei passiert.
c. Man findet, daß die Sirenen den Frieden stören.
d. Man glaubt, daß die Polizei jemandem auf der Spur sei.

18 Welche Gründe gibt es meistens dafür, ein schlechtes Gewissen zu haben?
a. Man hat bemerkt, daß ein Streifenwagen einen überholt.
b. Man sieht am Tachometer, daß die Geschwindigkeitsgrenze bei 50 liegt.
c. Man fühlt ganz sicher, daß das Auto durchsucht werden wird.
d. Gar keine, weil alles in Ordnung ist.

19 Warum fühlt man sich schuldig in Anwesenheit der Polizei?
a. Als man Kind war, war die Polizei strenger.
b. Man bekommt dieselben Gefühle, die man als unartiges Kind hatte.
c. Man spürt immer Abneigung gegen Beamte in Uniform.
d. Weil jeder Polizist schuldbewußt ist.

20 Wozu diente der ehemalige Ortspolizist?
a. Er war Ratgeber und Aufsichtsperson für alle in der Gegend.
b. Er war der amtlich angestellte Aufpasser für die Kinder.
c. Er war das Urbild der Nachbarskinder.
d. Er hatte die Aufsicht über Hühner-und Fahrraddiebe.

21 Wovor wollte er die erwähnten älteren Leute schützen?
a. Weil er dies als Schutzmann für seinen Auftrag hielt.
b. Vor den Kindern, die auf dem Bürgersteig Rollschuh liefen.
c. Vor den Gefahren der gewagten Fahrradkünste der Kinder.
d. Vorm Lärm, den die Kinder mittags beim Spielen verursachten.

22 Was kann man von diesem Schuldgefühl sagen, das der Ortspolizist in den Kindern erweckt hat?
a. Es war allein auf sein strenges, militärisches Aussehen zurückzuführen.
b. Es war nicht gerechtfertigt, denn die meisten Kinder hatte er nie erwischt.
c. Man wird dieses Kindheitsgefühl nie los.
d. Der Erzähler hat den richtigen Namen des Polizisten vergessen.

2 Wie München beinahe gegründet worden wäre

23 Warum sind die Kohorten in der Gegend?
a. Um die germanischen Ritter anzugreifen.
b. Um den Norden Europas für das römische Reich zu gewinnen.
c. Um einen barbarischen Stamm zu unterwerfen.
d. Um einem heranziehenden Gewitter auszuweichen.

24 Welche Stellung hat Drusus inne?
   a. Er ist verantwortlich für Spitzenleistungen.
   b. Er ist einer der kommandierenden Kohortenführer.
   c. Er hat als unehelicher Sohn des römischen Kaisers große
      Bedeutung.
   d. Er ist ein hoher Offizier im römischen Heer.

25 In welchem Zustand befinden sich die Römer?
   a. Die Stimmung des Heeres ist dermaßen deprimiert, daß man den
      Feldzug abbrechen will.
   b. Sie zittern vor Angst, da sie noch kein sicheres Lager erreicht
      haben.
   c. Die einfachen Truppen fürchten sich, da der Feldherr übler Laune
      ist.
   d. Ein kalter Regenguß hat sie völlig durchnäßt.

26 Warum ändert sich plötzlich die Laune des Feldherrn?
   a. Ein plötzlicher Wolkenbruch erleichtert ihm seine Bürde.
   b. Das Wetter hat sich aufgeheitert, und dies läßt ihn ein anderes
      Gesicht dieser Gegend ahnen.
   c. Er erblickt eine Vision des Donnergottes.
   d. Die Frage seines Untergeordneten stimmt ihn nachdenklich.

27 Was für eine Ansicht vertritt der Priester?
   a. In der nassen Tiefebene könne man doch eine Stadt gründen.
   b. Die Gegend sei angenehm, mit einem gleichmäßigen Klima.
   c. Trotz einiger Nachteile solle man hier etwas von Bedeutung bauen.
   d. Vielleicht solle ein militärisches Lager doch noch höher liegen.

28 Wie reagiert der Kelte auf das positive Urteil des Priesters?
   a. Er findet es äußerst komisch.
   b. Er ist den Eindringlingen gegenüber spöttisch, da er stolz auf sein
      Land ist.
   c. Er spricht dagegen, weil er hier keine fremden Besatzungstruppen
      sehen möchte.
   d. Er redet mit der Würde seines hohen Alters.

29 Wie lange hat der Katarrh des Kelten schon gedauert?
   a. Den ganzen Winter hindurch.
   b. Von mitten im Winter bis zum Anbruch des Frühlings.
   c. So gut wie neunzig Jahre schon.
   d. Bis der Föhn herangerückt ist.

30 Welchen Einfluß haben die Warnungen des Kelten?
   a. Drusus hat danach lieber im Norden Deutschlands gebaut.
   b. Drusus will nun sofort den Unannehmlichkeiten der Gegend
      entkommen.
   c. Gar keinen, denn die Römer haben doch in Bayern eine Stadt
      gegründet.
   d. Er sah ein, daß hier das allerschlimmste Nebel und Kälte waren, und
      zog weiter.